Diversidade, violência, sofrimento e inclusão em Gestalt-terapia

CIP-BRASIL. CATALOGAÇÃO NA PUBLICAÇÃO
SINDICATO NACIONAL DOS EDITORES DE LIVROS, RJ

D648

Diversidade, violência, sofrimento e inclusão em Gestalt-terapia / organização Lilian Meyer Frazão, Karina Okajima Fukumitsu. - 1. ed. - São Paulo : Summus, 2023.
208 p. ; 21 cm. (Gestalt-terapia : fundamentos e práticas ; 9)

Inclui bibliografia
ISBN 978-65-5549-114-2

1. Psicoterapia. 2. Gestalt-terapia. I. Frazão, Lilian Meyer. II. Fukumitsu, Karina Okajima. III. Série.

23-84345
CDD: 616.89143
CDU: 615.851:159.9.019.2

Meri Gleice Rodrigues de Souza - Bibliotecária - CRB-7/6439

www.summus.com.br

Compre em lugar de fotocopiar.
Cada real que você dá por um livro recompensa seus autores
e os convida a produzir mais sobre o tema;
incentiva seus editores a encomendar, traduzir e publicar
outras obras sobre o assunto;
e paga aos livreiros por estocar e levar até você livros
para a sua informação e o seu entretenimento.
Cada real que você dá pela fotocópia não autorizada de um livro
financia o crime
e ajuda a matar a produção intelectual de seu país.

Diversidade, violência, sofrimento e inclusão em Gestalt-terapia

LILIAN MEYER FRAZÃO
KARINA OKAJIMA FUKUMITSU

[ORGS.]

summus
editorial

DIVERSIDADE, VIOLÊNCIA, SOFRIMENTO E INCLUSÃO EM GESTALT-TERAPIA
Copyright © 2023 by autores
Direitos desta edição reservados por Summus Editorial

Editora executiva: **Soraia Bini Cury**
Coordenação editorial: **Janaína Marcoantonio**
Revisão: **Karina Gercke e Mariana Marcoantonio**
Capa: **Renata Buono**
Diagramação: **Crayon Editorial**

Summus Editorial
Departamento editorial
Rua Itapicuru, 613 – 7º andar
05006-000 – São Paulo – SP
Fone: (11) 3872-3322
e-mail: summus@summus.com.br

Atendimento ao consumidor
Summus Editorial
Fone: (11) 3865-9890

Vendas por atacado
Fone: (11) 3873-8638
e-mail: vendas@summus.com.br

Impresso no Brasil

Sumário

Apresentação 7
Lilian Meyer Frazão e Karina Okajima Fukumitsu

1 Amor, sexo e o vínculo dialógico: um olhar gestáltico
para a sexualidade humana 11
Renata Escarlate

2 Violência contra mulheres: vitimização secundária e
acolhimento a partir da Gestalt-terapia. 33
Leda Mendes Gimbo

3 Experiências estrangeiras: passos gestálticos de uma psicologia
andarilha na clínica com pessoas em situação de refúgio . . 51
Laura Cristina de Toledo Quadros

4 Pessoas em situação de rua e a Gestalt-terapia: reflexões
sobre o atendimento a essa população 71
Gizele da Costa Cerqueira

5 Gestalt-terapia e redução de danos: aproximações para o cuidado de pessoas que usam drogas. 95
Welison de Lima Sousa

6 Radicalizar o encontro clínico: compromisso ético e político de uma Gestalt-terapia racializada 113
Livia Arrelias

7 Sustentar o conflito: notas sobre a clínica gestáltica e as normatividades no campo. 147
Kahuana Leite

8 Manejo de atendimentos emergenciais envolvendo suicídio: a técnica AS MAES 167
Silvia Assumpção do Amaral Tomanari

Apresentação

LILIAN MEYER FRAZÃO

KARINA OKAJIMA FUKUMITSU

Diversidade e inclusão não são apenas duas palavras importantes na linguagem do acolhimento: também conjugam o intercâmbio necessário em direção ao respeito e ao desenvolvimento da dignidade existencial.

Diversidade implica a apreciação da diferença integrada à mobilização de energia em direção à novidade. Vai ao encontro da possibilidade de dar-se conta de que podemos ir além do conhecido e do padronizado.

Inclusão, por sua vez, consiste na articulação de identificações nutritivas a fim de que o ser humano se sinta pertencente ao mundo. Pertencimento é elemento essencial para que toda existência possa expandir suas fronteiras. Aliás, se o prefixo "ex" significa "fora", tivemos como propósito, neste volume, expandir o significado de "existência", considerando que essa palavra designa o "ser para fora", como um ser de possibilidades, que transcende a violência e o sofrimento e enfrenta as adversidades das mais variadas formas. Portanto, o volume 9, "Diversidade, violência, sofrimento e inclusão em Gestalt-terapia", traz a proposta de apresentar esses temas a partir de experiências e reflexões dos autores, segundo a perspectiva gestáltica.

Renata Escarlate inicia este volume versando sobre "Amor, sexo e o vínculo dialógico: um olhar gestáltico para a sexualidade humana". Nesse capítulo, a autora faz um convite a uma prática profissional mais autêntica e respeitosa, com o intuito de que o profissional seja o ser humano que se fortalece com suas interdições e limitações e é guiado pelas necessidades de pertencimento, amor, comunidade e acolhimento.

No capítulo 2, "Violência contra mulheres: vitimização secundária e acolhimento a partir da Gestalt-terapia", Leda Mendes Gimbo oferece uma profunda reflexão sobre diversas formas de violência — física, sexual e psicológica — com base na teoria do *self*, destacando seu caráter complexo, multifacetado, pautado em relações de poder e no machismo estrutural. A autora alerta que o tema é de "ordem ampla e social, não devendo ser tratado apenas em sua dimensão privada".

Laura Cristina de Toledo Quadros conduz os leitores a serem "viajantes" e, ao mesmo tempo, "andarilhos". Sua vasta experiência em Gestalt-terapia garante a possibilidade de expandir fronteiras, apresentando, no capítulo 3, "Experiências estrangeiras: passos gestálticos de uma psicologia andarilha na clínica com pessoas em situação de refúgio", a percepção de que "a clínica se constitui no movimento, no risco, e não na estabilidade". A partir de sua pesquisa e experiência na Universidade do Estado do Rio de Janeiro (UERJ), apresenta um estudo belo e sensível sobre o fenômeno das migrações, realizado com base no atendimento e no acolhimento psicológico a pessoas em situação de refúgio.

"Pessoas em situação de rua e Gestalt-terapia: reflexões sobre o atendimento a essa população" é o tema do capítulo 4, de Gizele da Costa Cerqueira. A partir de sólida trajetória na área de saúde mental acompanhando pessoas que sofrem com o abuso e a dependência de álcool e outras drogas e atendendo pessoas em situação de rua, Gizele mostra a realidade tanto das pessoas em situação de rua quanto dos profissionais que atendem nos Consultórios na Rua, partilhando de lugar em comum no processo de cuidado em saúde desses indivíduos.

No capitulo 5, "Gestalt-terapia e redução de danos: aproximações para o cuidado de pessoas que usam drogas", Welison de Lima Sousa, que vem trabalhando há alguns anos no cuidado de pessoas que usam drogas, visando à redução de danos, apresenta reflexões a partir de sua prática no consultório particular, no Consultório na Rua e no serviço público. A redução de danos foi se consolidando como uma estratégia de produção de saúde alternativa à lógica da abstinência, e o autor a considera como estando em consonância com uma ética do cuidado, questão central em nossa abordagem.

Livia Arrelias, no capítulo 6, "Radicalizar o encontro clínico: compromisso ético e político de uma Gestalt-terapia racializada", coloca que "apossar-se de si, começar a narrar sua história com mais segurança, buscar e utilizar autorreferências são movimentos dinâmicos que adentram nosso sentir-pensar-fazer clínicos atuais, a partir da repotencialização de pessoas negras e indígenas a respeito de quem são, de suas culturas e histórias com narrativas que divergem das imposições coloniais". A autora tece reflexões e considerações importantes relativas às populações negras e indígenas em nossa cultura branca e suas consequências.

Kahuana Leite, no capítulo 7, "Sustentar o conflito: notas sobre a clínica gestáltica e as normatividades no campo", aborda o conflito a partir da perspectiva gestáltica sobre a agressividade, entendida como recurso para a preservação de si no contato com o mundo. A autora reflete sobre os motivos que nos levam a pensar a clínica apenas para pessoas brancas, heterossexuais e cisgêneras. Utiliza o termo "corpas não hegemônicas" para se referir às pessoas que não se encaixam na norma "branca, cisgênero, heterossexual, magra e sem deficiência" e aponta a importância de levar em consideração os aspectos políticos, econômicos e históricos que estão presentes nas formas de subjetivação na cultura.

Com base em sua experiência no treinamento da Abordagem Técnica a Tentativas de Suicídio (ATTS) realizada no Corpo de Bombeiros do Estado de São Paulo, Silvia Tomanari apresenta, no capítulo 8, "Manejo de atendimentos emergenciais envolvendo suicídio: a técnica AS MAES" [Amorosidade e Sabedoria no Manejo de Atendimentos Emergenciais envolvendo Suicídio]. A autora descreve a técnica e assinala diferenças entre ela e aquela utilizada pelos bombeiros em situações de tentativa de suicídio.

Desejamos que você acompanhe a leitura destas reflexões profundas com a curiosidade de quem se vê diante do novo, dando boas-vindas à diversidade. Que nesta trajetória, em que somos apresentados à violência e ao sofrimento, saibamos ver a inclusão como princípio integrador que nos permite continuar.

1
Amor, sexo e o vínculo dialógico: um olhar gestáltico para a sexualidade humana

RENATA ESCARLATE

Aqui me encontro.

E aqui você se encontra.

Eu, em contato com a minha necessidade de trazer "respostas" às suas perguntas, que imagino na minha cabeça. Você, com sua busca, sobre a qual só posso presumir.

Não é um bom começo para um diálogo. Assim sendo, partirei da premissa de que não tenho respostas a oferecer, apenas reflexões; e a você caberá usá-las da forma mais edificante possível durante a sua caminhada e em oferenda à sua busca. Podemos combinar assim?

Um segundo combinado que quero fazer com você é que neste breve texto não caberia uma discussão aprofundada sobre as diversidades em sexualidade, tanto no que concerne às múltiplas orientações quanto em relação às muitas possibilidades identitárias. Portanto, partirei das premissas tradicionalmente normativas de papéis de gênero, porém convido você a experimentar o presente capítulo de acordo com suas próprias colonizações, introjeções e questionamentos, ouvindo seus incômodos e respeitando suas reações.

Digo isso porque acredito muito na importância de que cada um de nós, Gestalt-terapeutas, reflitamos sobre a construção da nossa própria sexualidade, nosso estar-no-mundo, nossas religiosidades moralizantes, nossas limitações, medos, idealizações e introjeções, para que, no momento do nosso encontro com a sexualidade do outro, estejamos livres para compreendê-lo do ponto de vista *dele*. Esta é uma meta e compromisso que acredito que nos cabe incorporar, não só à nossa prática profissional, mas também ao nosso trânsito em uma sociedade cada vez mais plural e (espero) inclusiva.

Ao nos engajarmos em um processo psicoterapêutico, estamos fadados a nos depararmos com medos, inseguranças, vergonhas, alienações de partes do *self*, enfim, com os resultados das interdições aprendidas por nosso cliente desde a infância, isso sem mencionar os traumas decorrentes de feridas e violências que essa pessoa pode ter sofrido ao longo da vida. Porém, acredito que o cuidado e atenção aos traumas sexuais nos exigiria aprofundamento em um texto exclusivamente dedicado ao assunto. Aqui, falaremos da forma pela qual aprendemos a nos relacionar, em condições "normais", normatizantes.

Como terapeutas, nós também carregamos nossas próprias interdições normatizantes; portanto, em nosso ofício, a empatia e o respeito precisam nortear o cuidado profissional. De acordo com Beatriz Cardella (2015, p. 73):

> Diante do amor do terapeuta e de suas diferentes facetas — a atenção, a hospitalidade, a ternura, o reconhecimento, a compreensão,

a aceitação, a devoção, a confirmação, a valorização, a delicadeza, entre outras —, é possível que a pessoa que sofre encontre lugar, viva uma experiência de confiança.

Ao encontrar confiança, poderá reconhecer, aceitar e expressar a dor, iniciando assim um processo de reconciliação com seus aspectos feridos e alienados.

Enquanto organizo minhas reflexões sobre o problema do amor, do sexo e do diálogo, me pego pensando em quantos casais já "assisti" discutirem sem que se ouvissem. Quantas justificativas, quanta necessidade de responder sem absorver e refletir a respeito do que está sendo dito. A verdade é que muitas vezes as pessoas estão apenas esperando sua vez de falar e calculando a qual informação devem reagir, num ciclo eterno de "falar sobre" em vez de "falar com".

Essa postura é um reflexo de padrões aprendidos desde a infância, e não diz respeito apenas à forma como as pessoas se comunicam: ela reflete as interdições que sofremos nos nossos sentimentos e na expressão deles, bem como nas nossas emoções e sensações e na maneira como reagimos a elas, e, por fim, na nossa relação com o nosso próprio corpo — na forma de cerceamentos que começam como restrições que nos são impostas e acabam como restrições que impomos a nós mesmos: aprendemos o *não* desde muito cedo em nossa vida e com ele seguimos, mediando nossas relações.

Desde sempre, já na primeira infância, vão surgindo as interdições à nudez, à masturbação, os "deverias" de gênero (que mais tarde nortearão os papéis e as identidades de gênero) e também as interdições religiosas, moralizantes, acompanhadas de seus mitos de pecado, as introjeções sobre prazer e santidade, a criminalização e colonização dos corpos, o entendimento do que é "ser bom" *versus* "ser sujo" e, principalmente, um entendimento profundamente diferencial entre feminino e masculino. À medida que a pessoa vai se desenvolvendo, essas introjeções, interdições e crenças vão se enraizando e essas raízes vão se aprofundando e tomando conta de diversos aspectos da sua vida e da sua compreensão de mundo. Podemos afirmar que:

> Há uma diferença significativa entre as restrições da meninice e as da adolescência. O padrão duplo foi acrescentado, introduzido em uma nova geração. As moças esperam que os rapazes sejam atrevidos sexualmente e os rapazes esperam que as moças ofereçam resistência. Obviamente a vitalidade sexual masculina é um ponto de honra e a vitalidade sexual feminina não o é. Este padrão duplo atira o masculino contra o feminino. [...] O sexo parece ser um confronto de vontades — se o rapaz vence, a moça perde. (Masters, Johnson e Levin, 1975, p. 230)

E, assim, a tão famosa "guerra dos sexos" encontra seu lugar: na construção binária de papéis e identidades de gênero fundada nas interdições impostas a ambos a partir de seu sexo biológico, sendo gênero:

> Um conceito construído pelas ciências sociais nas últimas décadas para analisar a construção sócio-histórica das identidades masculina e feminina, [...] discursos de legitimação sexual ou ideologia sexual. Esses discursos legitimam a ordem estabelecida, justificam a hierarquização dos homens e do masculino e das mulheres e do

feminino em cada sociedade determinada. São sistemas de crenças que especificam o que é característico de um e outro sexo e, a partir daí, determinam os direitos, os espaços, as atividades e as condutas próprias de cada sexo. (Garcia *apud* Rosostolato e Telles, 2020, p. 23)

A partir da construção binária de identidade de gênero, os indivíduos formam ou assentam sua visão de mundo, de si mesmos e, consequentemente, de sua sexualidade, norteando os padrões de contato que estabelecerão e por meio dos quais transitarão no mundo: interações plenas de introjeções e idealizações de como o outro deve ser/estar/agir, para que eu possa me posicionar em contato com ele. Assim chegamos ao círculo completo de como as pessoas põem-se a reagir ao contato — deveras ameaçador, obviamente, quando estamos falando de gêneros diferenciados — e, justamente por esse motivo, de como surgem as interrupções e resistências à aproximação (reforçando: tanto às aproximações emocionais quanto às investidas sexuais).

Segundo Erv e Miriam Polster (2001), toda energia está voltada para imobilizar o impulso temido pelo indivíduo. Em outras palavras, nessa situação a pessoa despende uma grande quantidade de energia com vistas a manter o controle sobre o impulso, o que faz que a atenção às suas necessidades seja mínima. O indivíduo pode ter introjetado proibições contra o toque a ponto de exercer um controle policialesco sobre si, não podendo se render ao contato, nem mesmo a partes distintas de si. Como resultado desse processo, a pessoa não consegue se aconchegar a outra pessoa, nem ao mundo, nem a si mesma.

Chegamos, assim, a um agir engessado, uma crença fundamental e idealizada de como agir e do que esperar dos nossos relacionamentos. Porém, como essa crença está baseada em introjeções, sem estar em contato genuíno com as necessidades do organismo ou as necessidades emocionais mais profundas, passamos a funcionar em padrões de como se "deve" agir ou sentir. A esse conjunto de padrões, em Gestalt-terapia, damos o nome de regulação deverística, que é o conjunto de regras, explícitas ou não, que organizam a forma como cada pessoa entende que precisa ou deve funcionar, ou, ainda, como cada pessoa entende que se espera que ela funcione, externa e internamente, com base nas crenças, nas interdições, nas introjeções e nos aprendizados que discutimos até aqui. Esse conjunto de regras elabora a forma ideal de ser, se comportar, sentir, reagir; enfim, define um eu idealizado.

Aqui também nos cabe refletir sobre o problema do amor: forma-se um entendimento sobre o que é e o que não é amor, e, quanto mais idealizado, mais rígida essa noção. A partir daí, as pessoas começam a buscar amor tal como o reconhecem, limitando o entendimento e a compreensão do amor que o outro tem para oferecer.

Você já se fez a pergunta "O que é amor para mim?" Amor pode ser um cuidado no dia a dia? Pode ser a louça lavada antes de ir dormir? Amor é um café fresquinho no meio da tarde em que você está trabalhando em *home office*? Ou amor é composto apenas de grandes gestos, músicas de romance, pores do sol e pedidos de casamento? Quão amada(o) você sabe se sentir, diante do que o outro tem a oferecer? Amor "deveria" ser isto ou aquilo?

Ao refletir sobre isso, podemos perceber que a regulação deverística também atua na modulação de determinados comportamentos, no reconhecimento de emoções e sentimentos e, posteriormente, no embasamento de escolhas e na autopermissão para contatos e interações.

Para melhor compreensão da regulação deverística, recorro a Gary Yontef (1998, p. 243), que nos diz:

> A regulação deverística é baseada em deveria(s) introjetado(s) e introjeção. Deveria(s) são afirmações de "obrigação" que dizem ao indivíduo como regular seu comportamento por padrões externos, isolados de suas necessidades organísmicas ou da avaliação de suas prioridades internas. Deveria(s) são entidades fixas e não processos organísmicos, e lhes falta flexibilidade e reatividade. Uma vez que o indivíduo inicia a regulação deverística, ele gera outros deveria(s), que são impostos ao *self* pelo *self* [...].

Olhando por esse prisma, se nossa vida como um todo, nossas interações e nosso controle de impulsos, nossos comportamentos, nossa apreensão dos nossos contatos e nossas respostas a estímulos externos passam por esse imenso filtro cheio de regras e controle, o que dizer da nossa sexualidade?

Aqui, defino sexualidade como o conjunto de reações, respostas, sensações e sentimentos envolvidos na interação pessoal com estímulos de natureza sexual, bem como na sua interpretação, sejam esses estímulos reais ou imaginários. Dito de outra forma, por sexualidade podemos entender o conjunto de fenômenos da vida sexual: sentimentos, comportamentos, emoções, interpretações, ações e inações, reações e repressões que envolvam emoção, afeto e energia. Tais fenômenos são regulados e permeados pelos aspectos biológicos, psíquicos, sociais, antropológicos e culturais de cada indivíduo e de suas interações com seu ambiente e sua origem, por meio das funções de contato e do pleno desenvolvimento delas: o uso dos cinco sentidos, do movimento e da linguagem (verbal ou não verbal). Sendo assim, podemos concluir que sexualidade é o encontro daquilo que se sente com aquilo que se percebe ou se recebe do mundo em forma de estímulo — e a maneira como se reage a esse encontro.

Sexualidade é o entre.

Porém, como vimos acima, a regulação deverística está lá — não há como evitá-la —, causando um processo de desnutrição no modo individual de contatar o mundo, criando uma forma objetificada na qual o outro é um recurso para atender às exigências de sua postura deverística, impedindo o fluir do encontro com o outro como pessoa. A isso chamamos de relação "eu-isso" ou "eu-isto":

> Em isolamento não há contato Eu-Tu, ou qualquer outro. Em confluência não há contato, porque a mesmice elimina qualquer apreciação de diferenças. No Eu-Isto existe um relacionar-se, mas com o outro sendo objeto de manipulação. O outro não está sendo diretamente abordado como pessoa. O aspecto pessoal e especialmente humano de outra pessoa ainda não tem permissão de se conectar com a mesma parte de outra pessoa. Isto é um contatar Eu-Isto congelado, que não flui de, ou para, Eu-Tu. (Yontef, 1998, p. 242)

Podemos compreender que, na relação eu-isto, o outro é apenas um meio, um objeto ou uma ferramenta para que se atinja um objetivo ou se chegue a algum lugar. O outro deixa de ser pessoa para ser instrumento ou veículo de autossatisfação.

Yontef continua:

> O Eu do Eu-Isto diz "ele", "ela" ou "isto". Não se está dirigindo ao outro como pessoa. O Eu do Eu-Tu diz "você", e a outra pessoa está sendo abordada como pessoa. A atitude do Tu é a de que o outro é digno de respeito, não é tratado como meio para outros fins. [...] A mais alta forma de Eu-Tu é entre duas pessoas, cada um dizendo "você". Esse "Tu" é o evento relacional ou um "encontro" que capacita o homem a tornar-se inteiro. Na Gestalt-terapia, relacionamo-nos com uma atitude Eu-Tu e com esperança de que um Tu mútuo e completo se desenvolva. (Yontef, 1998, p. 242)

A forma como respondemos aos encontros, portanto, reflete a postura pela qual estamos nos oferecendo aos relacionamentos, em contato com o outro, com o mundo ao nosso redor e conosco.

Até aqui, pudemos observar como as relações vão, gradualmente, se afastando das potencialidades, do desejo, do encontro genuíno, do mais profundo e natural sentir sexual. Porém, seguimos falando de como esse processo de interdição acontece individualmente, internamente, de como nosso mundo é editado pela sexualização, pela formação de identidades e papéis de gênero, pelas permissões e/ou proibições sociais, culturais, políticas, religiosas, enfim, pela colonização dos nossos corpos; porém, ainda precisamos refletir sobre como todas essas limitações individuais afetarão o modo como cada indivíduo há de se relacionar com outro ser humano também limitado e colonizado por suas próprias vivências de mundo e relacionamento — e sobre como esperamos que eles se entendam. Será possível?

A conjugalidade é outro mundo, muito à parte da individualidade; um mundo muito editado, idealizado e apenas imaginado por quem não o experimentou. Um casal que se relaciona amorosamente pode enfrentar as mais diversas dificuldades no caminho da satisfação afetiva e sexual e na obtenção do prazer: conflitos psíquicos, conflitos de relacionamento, incompatibilidade de gostos e fantasias, ausência ou diminuição do desejo sexual, baixa autoestima, desgastes do cotidiano, disfunções sexuais, medos e pudores religiosos, só para nomear algumas.

Além disso, é só quando um indivíduo se coloca integralmente na relação, quando fala sobre o que está sentindo, pensando, vivenciando e experimentando, que aquele com quem ele convive pode participar da sua experiência, pode se aprimorar em sua própria parcela de responsabilidade pelo contato entre ambos, pode se comprometer com seu crescimento pessoal e com o desenvolvimento da relação, pois não se pode (nem se deve) esperar que cada um adivinhe ou compreenda, sem as explicações necessárias, os processos individuais do outro. Tentar adivinhar os sentimentos, pensamentos, emoções, dores e desejos do parceiro, por mais cúmplices que ambos sejam, é sinônimo de armadilha — ou sabotagem. A construção depende do diálogo. E o diálogo depende do respeito e da inclusão do outro.

Quando falo em sabotagem, armadilha ou interrupção, não é força de expressão. Pode parecer estranho, mas há várias formas de um indivíduo transformar aquele que poderia ser seu aliado, seu maior e mais íntimo companheiro — ou, como costumamos chamar, seu parceiro — em inimigo emocional, mas todas elas passam por dois caminhos: a competição ou a responsabilização, e ambas afastam as pessoas envolvidas de um relacionamento pleno de diálogo, respeito e inclusão, ou seja, do eu-tu.

A competição — no sentido de doar ou receber prazer, doar ou receber afeto, satisfazer ou ser satisfeito — só aliena o parceiro e demonstra como o indivíduo está mais preocupado em contabilizar, em atingir o ideal deverístico, fazendo do outro apenas o meio de atingir esse ideal.

Já a responsabilização implica em exclusão do desejo ou das necessidades do outro, uma vez que ele recebe o papel de resolver o grande enigma da satisfação das necessidades de alguém que está abrindo mão de seu próprio protagonismo afetivo e sexual.

Cada indivíduo tem a responsabilidade e a possibilidade de satisfazer a si mesmo. É preciso que isto fique muito bem estabelecido: nenhuma pessoa tem o poder de "entrar na mente" de outra, de adivinhar e realizar a felicidade de outra. Só quem pode fazer isso é ela mesma, por mais que o faça ao lado de alguém. Esse alguém a seu lado também é única e exclusivamente responsável por si mesmo, mas isso não os desconecta; pelo contrário, se cada um trouxer o que é seu, suas responsabilidades, suas expressividades, seus afetos e suas necessidades para o contato, de forma consensual e respeitosa, a "magia" do entre se faz e o encontro acontece.

> Nenhum casal pode sustentar um tipo de independência que exclui a intimidade, pois isso faz a união definhar, como também nenhum casal pode manter um clima erótico eterno, aumentando

a duração ou a intensidade do prazer infinitamente. (Matarazzo, 2001, p. 141)

O que Maria Helena Matarazzo explica com a afirmação acima é que, ainda que duas pessoas vivam um relacionamento afetivo e sexual, é necessário que mantenham e respeitem a individualidade uma da outra, porém sem deixar de construir uma intimidade, uma relação por meio da qual possam se expressar e vivenciar suas experiências uma em contato com a outra. Para tanto, é preciso que todos — principalmente nós, Gestalt-terapeutas — tenhamos em mente a dimensão individual da sexualidade humana, uma vez que tudo que sentimos e pensamos, a maneira como percebemos e interpretamos os estímulos sexuais, como nos comportamos, como lidamos com nossas introjeções, como concebemos nossa jornada de autossatisfação são experiências que só podem ser vivenciadas no nosso próprio organismo, na inteireza do nosso próprio ser. É por isso que a expansão da satisfação sexual e relacional é de exclusiva responsabilidade de cada indivíduo: porque só pode acontecer por meio da busca de autoaceitação, autoconhecimento, acolhimento genuíno dos desejos e sentimentos, autopermissão, experimentação, superação de medos e limitações pessoais, e do estabelecimento de um contato profundo e intimamente dialógico com si mesmo.

Aprender consigo, para ensinar. Aprender com o outro o que ele aprendeu de si. Esta é a verdadeira fundação de uma sexualidade plena e dialógica, em contato. Aprender com o outro, tanto a respeito dele quanto de si mesmo, é o passo mais importante para a construção de uma vida sexual e de uma conjugalidade integradas, capazes de reforçar o relacionamento, gerar frutos de autoconhecimento e conhecimento mútuo e produzir uma identidade de casal que respeite as identidades pessoais, na qual a maior permissão seja a da expressão da sexualidade em busca da saúde da relação: a reciprocidade.

> A reciprocidade se instaura no seio mesmo da sexualidade. [...] No caso humano, a sexualidade traduz o face a face do homem e da mulher pela mediação do corpo sexuado que os coloca frente a frente e juntos no mundo. (Boff e Muraro, 2002, p. 61)

Reciprocidade é exatamente isto: permitir, tanto ao outro quanto a si próprio, estar presente na relação, expressar-se, contribuir, viver consigo e experimentar o mundo; decretar que um parceiro é tão importante para a relação quanto o outro.

A reciprocidade na sexualidade conjugal é a principal formadora do vínculo e fundadora da identidade do casal, uma vez que o sexo pode ser considerado um jogo onde dar e receber prazer é a estratégia, o prêmio, o objetivo e a vitória. Assim sendo, o jogo do prazer sexual, afetivo e dialógico torna-se retroalimentação do próprio prazer, da própria relação, mantendo o contato e a constante nutrição do vínculo.

Quem aqui nunca ouviu dizer que sexo, quanto mais se faz, mais se deseja fazer? Este é apenas um ditado popular, mas, se pararmos para refletir, uma frase só se torna um ditado popular porque foi dita e repetida muitas vezes, ou seja, ela não está totalmente desprovida do significado atribuído. De qualquer forma, quando se faz sexo, mesmo que não se atinja o orgasmo, nosso cérebro acelera a produção dos hormônios do bem-estar, como a dopamina (hormônio que combate o estresse e a ansiedade), a ocitocina (popularmente conhecida como hormônio do amor e da felicidade) e a noradrenalina (que ajuda a regular o humor e a concentração), entre outros tantos hormônios que preenchem o cérebro e inundam as emoções. Portanto, os benefícios do sexo, que são amplamente estudados, ficam claros com a menor das explicações, concorda?

Agora, some-se a essa compreensão o entendimento de que a intimidade e a reciprocidade reforçam os vínculos, afetivos e sexuais, criando um ambiente favorável à postura dialógica em todos os aspectos do relacionamento, propiciando a inclusão do parceiro em uma relação eu-tu, não apenas no que concerne à relação sexual ou ao ato sexual em si, mas também ao convívio diário, com aceitação, acolhimento, respeito, consentimento, reconhecimento e liberdade sem julgamentos.

Hycner e Jacobs citam Friedman ao elaborar seu entendimento desse tipo de relação inclusiva, ou, como chamamos em Gestalt-terapia, relação dialógica:

> É importante enfatizar que o dialógico é uma forma de abordar os outros; não deve ser identificado como a fala. A fala, na melhor das hipóteses, é a manifestação auditiva de uma atitude dialógica. As palavras, com frequência, se tornam um impedimento ao verdadeiro diálogo. Tornam-se uma defesa psicológica contra o verdadeiro encontro. De fato, "[...] o diálogo genuíno pode acontecer em silêncio, enquanto muitas conversas são efetivamente monólogos". (Friedman *apud* Hycner e Jacobs, 1997, p. 32)

E prosseguem, explicando a função da linguagem falada e a diferença entre ela e o relacionar-se para além dela, ao dizer:

Palavras podem ser um prelúdio para um encontro Eu-Tu, mas não o definem. Alguns dos encontros mais curativos têm ocorrido quando os olhos de meu cliente encontram os meus, sem palavras — e, ainda assim, tanto é "falado" entre nós! Há o encontro de algo profundo dentro de mim com alguma coisa profunda dentro da outra pessoa. Nesse encontro, no silêncio, uma fala autêntica pode acontecer, uma interpretação e fusão de nossos espíritos humanos — que enriquece a ambos, que nos torna inteiros. (Hycner e Jacobs, 1997, p. 32)

Escolhi esse trecho do livro *Relação e cura em Gestalt-terapia* porque o considero, de fato, a melhor explicação do que é uma relação dialógica. A esse respeito, permitam-me compartilhar uma experiência muito pessoal, que me traz a emoção aos olhos mesmo agora enquanto escrevo: em 2003, tive a honra, o prazer e o privilégio de ser a tradutora e intérprete de Richard Hycner (um dos autores do livro) em algumas palestras e *workshops*. Àquela altura, eu já estava graduada como psicóloga, pós-graduada como sexóloga, mas estava cursando o primeiro período da minha formação em Gestalt-terapia, ou seja, estava completamente apaixonada e até um pouquinho deslumbrada. Ávida e intensa, eu viera dedicando muito tempo a ler tudo em que pudesse pôr as mãos; e esse livro tinha sido, até então, o meu favorito. Ao lado do "Rich", como ele pediu para ser chamado, sentei no chão, sobre uma grande almofada estampada, e trabalhei durante dias, sem reclamar e sem me cansar. Alguém de quem não me lembro registrou esse momento ímpar em uma fotografia analógica que tenho aqui entre os meus guardados. Meu olhar, na foto, é de puro encantamento.

Assisti àquele homem atender, em dezenas de sessões de demonstração, a diversos colegas meus, o tempo todo me esforçando, com muito afeto, para que minhas emoções e encantamento não atrapalhassem a emoção de quem quer que fosse o "cliente" do Rich no momento, tratando de levar e trazer a informação de forma clara e facilitadora para ambos.

Ao final do que, se não me falha a memória, foram quatro longas jornadas de doze horas diárias de experimentos, eis que o Rich vira-se pra mim e diz: "Renata, você fez uma tradução verdadeiramente dialógica!" (Eu nem sabia que isso pudesse existir!) "Quero, como agradecimento, que você seja a minha última cliente, sem se dedicar a traduzir, para que eu possa lhe oferecer o meu melhor." Aquela menina de 20 e poucos anos que eu era quase desmaiou. Obviamente, aceitei o convite. Imagino que algum colega que também fosse fluente em inglês tenha se ocupado da tradução para o público, mas não me lembro, como também não me lembro de uma única palavra dita por mim ou por ele. Tenho referência do que provavelmente foi dito pela dedicatória que ele fez em meu livro, mas minha única memória viva daquele momento é de seu olhar. Seus olhos profundamente azuis, mergulhados profundamente nos meus, me disseram que eu era aceita e importante, que eu era digna e merecedora daquela experiência; me trouxeram cura e amorosidade. Esse episódio me ensinou a buscar dentro de mim a potência dos encontros profundos que o Hycner professor e escritor descreve no texto acima, e que o Rich Gestalt-terapeuta me mostrou ser possível.

Então, qual é o caminho?

A vida de todos nós é uma grande alternância entre frustrações e conquistas e, como as ondas do mar, ambas vêm e vão. O que nos cabe é a busca: a busca da genuinidade e do desejo, da atenção às nossas necessidades e de como podemos lidar com a frustração delas.

Nós, Gestalt-terapeutas, precisamos compreender os relacionamentos a partir desta premissa: a única escolha possível, na Gestalt-terapia, é a busca da verdade do ser. É a única forma de curar os relacionamentos:

> Quando você oculta algo importante de alguém que ama, precisa carregar isso sozinho, juntamente com sua culpa e autorreprovação. Esse ocultamento faz com que você focalize sua atenção em você mesmo e traz uma sensação de peso e solidão. A mentira ou o ocultamento o mantêm isolado. Uma grande tristeza e sensação de vazio o envolvem e, como você se afastou da pessoa amada, você não tem ninguém para confortá-lo. (Zinker, 2001, p. 261-2)

Afinal, para que criar voluntariamente solidão, em um relacionamento, quando o que se busca é, justamente, união? Zinker continua:

> A verdade difícil tem suas próprias consequências. Se for compartilhada num relacionamento íntimo, ela pode ser discutida e examinada de todos os pontos de vista. Ela será sustentada por pelo menos duas pessoas. Você passa a ser conhecido de um modo novo pelo outro. Esse novo conhecimento faz com que você pareça mais complexo ou mais difícil aos olhos do outro e, como consequência, a outra pessoa pode se sentir profundamente comovida ou desapontada. (Zinker, 2001, p. 261)

Compartilhar com o parceiro e incluí-lo não é algo que se possa fazer sem riscos. Contudo, o grande risco — o de não se dar a conhecer — já está sendo corrido pela ocultação ou omissão da verdade do ser; assim sendo, dividir com o outro quem se é realmente é permitir ao outro estar ao seu lado por escolha, conhecendo e decidindo o que pode ou não suportar:

> O seu parceiro pode ter a possibilidade de lhe mostrar uma outra parte da natureza dele, estimulado por esse novo conhecimento a seu respeito. Uma nova forma nasce no espaço entre vocês dois. Esse trabalho relacional pode ser preenchido por sentimentos ou pensamentos que não existiam anteriormente entre vocês. (Zinker, 2001, p. 262)

Assim, cria-se a reciprocidade da qual falamos antes: permitindo a si mesmo e ao outro ser íntegros, inteiros, genuínos e autênticos naquilo que trazem para a relação ou até no tipo de nutrição que buscam nela. Zinker finaliza explicando que:

> Quando se trata de relacionamentos íntimos, a vida não nos promete resultados simples: ela não nos oferece garantia de sucesso. Não existem fórmulas lineares para aquilo que acontece entre as pessoas. Mas nós precisamos continuar tentando ser as melhores pessoas que pudermos. (Zinker, 2001, p. 262)

Eu acrescentaria, apenas, que é a coragem da imperfeição, a aceitação do risco, que distingue um Gestalt-terapeuta capaz de ajudar uma pessoa a se relacionar de forma plena. Nosso trabalho consiste, justamente, em aceitar do nosso cliente a verdade que ele não consegue contar, quem dirá viver. Trata-se de construir o campo de confiança para que ele consiga compreender que aquela verdade existe (seja ela um pensamento, um sentimento, uma fantasia, uma idealização, um desejo ou qualquer outra emoção) — ela existe e é real. E não aceitá-la não a torna menos real. Acolhê-la e lidar com ela, ajustar-se a ela, para além dos julgamentos, das interdições e dos "deverias" é o único modo de libertar-se da escravidão de carregá-la em solidão.

A reciprocidade inclui a expansão da relação que vem sendo construída e a aceitação do que já existe. Portanto, estamos fadados, seja como psicoterapeutas, seja como parceiros relacionais, a nos depararmos com traumas, vergonhas, fantasias, dificuldades e medos. É importante compreendermos que a via é a aceitação, sem julgamentos, daquilo que realmente existe, para que haja o acolhimento completo do que já é, com o intuito de expandir a intimidade para o que possa vir a ser.

Você se lembra do convite que eu fiz, no início deste capítulo, para pensarmos juntos sobre como atuar de forma mais autêntica e respeitosa em nossa prática profissional? Era aqui que eu queria trazer você: ao ponto em que você, enquanto terapeuta, possa se ver como um indivíduo com as interdições e limitações de todo ser humano, mas preparado para levar em conta o desejo primitivo — a necessidade mais humana — de pertencimento, amor, comunidade, acolhimento.

A maior parte de nossos atos, atitudes, comportamentos, ações e interações buscam, fundamentalmente, isto: pertencer. Queremos atrair alguém para estar ao nosso lado, enfrentando o mar de frustrações e vitórias conosco, segurando a nossa mão. Em outras palavras, tudo que fazemos (de maneira autêntica ou deverística) é em prol da sedução. Agimos visando seduzir alguém para estar "no nosso time", para viver e pertencer conosco. A base dos relacionamentos é a sedução.

Queremos que as pessoas gostem de nós. Queremos ser amados pela família, pelos amigos, pelo parceiro. E — por que não confessar? — também queremos ser amados por nossos clientes. Quem não quer? Eu quero. Quero ser amada pelos meus clientes, pelos meus alunos, pelos meus supervisionandos; e, finalmente, por você, leitor. Quero que você tenha afeto pelo meu texto. E quero que encontre afeto em sua vida.

Espero, sinceramente, ter seduzido você a pensar em sexualidade com amorosidade, para além dos seus próprios preconceitos.

Afinal, se tudo é sedução, se tudo é para atrair, por que não dar o seu melhor, a sua verdade, e atrair por aquilo que você tem de mais autêntico? Se a mentira isola e a verdade é transformadora, por mais difícil que seja, que na transformação você encontre a mais profunda plenitude, como Gestalt-terapeuta ou como pessoa — na sua sexualidade e nas suas relações.

REFERÊNCIAS

BOFF, L.; MURARO, R. M.; *Feminino e masculino — Uma nova consciência para o encontro das diferenças*. Rio de Janeiro: Sextante, 2002.

CARDELLA, B. H. P. *Psicoterapia dialógica*. In: FRAZÃO, L. M.; FUKUMITSU, K. O. *A clínica, a relação psicoterapêutica e o manejo em Gestalt-terapia*. São Paulo: Summus, 2015.

HYCNER, R.; JACOBS, L. *Relação e cura em Gestalt-terapia*. São Paulo: Summus, 1997.

HYCNER, R. *De pessoa a pessoa — Psicoterapia dialógica*. São Paulo: Summus, 1995.

KELEMAN, S. *Amor e vínculos — Uma visão somático-emocional*. São Paulo: Summus, 1996.

MASTERS, W. H.; JOHNSON, V. E.; KOLODNY, R. C. *Heterossexualidade*. Rio de Janeiro: Bertrand Brasil, 1997.

MASTERS, W. H.; JOHNSON, V. E.; LEVIN, R. J. *O Vínculo do prazer*. São Paulo: Círculo Do Livro, 1975.

MATARAZZO, M. H. *Namorantes*. São Paulo: Mandarim, 2001.

POLSTER, E.; POLSTER, M. *Gestalt-terapia integrada*. São Paulo: Summus, 2001.

ROSOSTOLATO, B. S.; TELLES, C. J. F. *Estupro marital — Um estudo sócio-histórico de uma violência doméstica, sexual e de gênero*. Rio de Janeiro: Metanoia, 2020.

YONTEF, G. M. *Processo, diálogo e awareness — Ensaios em Gestalt-terapia*. São Paulo: Summus, 1998.

ZINKER, J. C. *A busca da elegância em psicoterapia — Uma abordagem gestáltica com casais, famílias e sistemas íntimos*. São Paulo: Summus, 2001.

2
Violência contra mulheres[1]: vitimização secundária e acolhimento a partir da Gestalt-terapia

LEDA MENDES GIMBO

> [...] *como tornar a vida vivível para um ser cuja característica dominante é a sua consciência de si próprio como indivíduo único, por uma parte, e da sua mortalidade, por outra.*
> Laura Perls

A violência, em suas facetas múltiplas, consiste em uma ferramenta de governo e dominação sobre os corpos (Gimbo, 2022). Em se tratando de mulheres, categoria que ocupa lugar sócio-histórico de fragilidade e vulnerabilidade, os usos da violência e seus efeitos produzem incômodo e impotência e colocam em xeque as crenças de justiça social, uma vez que

---

1. É importante salientar que caminhamos para a desmistificação de que existe uma categoria única de mulher, geralmente cisgênera e heterossexual, e afirmar que a classe, produto das relações sociais, é ampla. O termo "mulheres" inclui — e deve incluir sempre — mulheres trans, mulheres homoafetivas, mulheres e todas as possibilidades de interlocução e identificações.

sua repetição nos âmbitos domésticos e públicos e a dificuldade de sua erradicação afirmam o quanto a violência faz parte das relações humanas e está imbricada no funcionamento da sociedade. Mulheres, vítimas de violência, constituem um grupo humano incômodo, fator que pode fazer que socialmente se tente atribuir a elas a responsabilidade pela violência que sofreram.

Comecemos pela compreensão acerca da violência como fenômeno social, para explorar as nuances da violência contra mulheres e seus efeitos:

> A violência consiste em um fenômeno complexo, que é compreendido a partir de fatores sociais, históricos, culturais e subjetivos. De acordo com a Organização Mundial de Saúde (2002), a violência consiste no uso intencional de força ou poder de alguém contra si ou contra outra pessoa, grupo ou coletivo, causando lesões, morte, dano psíquico, alterações no desenvolvimento ou privações. O termo violência contra a mulher refere-se às situações de violência destinadas às mulheres, por ser mulheres, e inclui toda sorte de prejuízos a elas e ao seu bem-estar: violência física, sexual, assédio sexual e moral, mutilações, coerções, violência psicológica, impedimentos ao trabalho ou estudo, violência étnica e racial e violência doméstica, entre outras manifestações. (Sacramento e Rezende, 2006, p. 96)

A Lei Maria da Penha foi promulgada como forma de contribuir para a redução e eliminação da violência contra mulheres no Brasil. A Lei 11.340/06 discorre sobre as formas de violência contra mulheres perpetradas em âmbito doméstico; contudo, entendemos que essas formas de violência se estendem a contextos mais amplos. A violência física é a forma de violência mais prevalente ou mais denunciada; a violência sexual é compreendida como toda ação, promovida com uso de poder, que obriga a presenciar, manter ou participar de atos sexuais, ou que limita ou anula o exercício de direitos sexuais e reprodutivos; a violência patrimonial consiste em reter, subtrair, destruir bens, instrumentos de trabalho, documentos; a violência moral configura calúnia, difamação e injúria e a violência psicológica consiste em qualquer conduta emocionalmente danosa, que diminua a autoestima e prejudique o desenvolvimento livre e pleno das mulheres (Brasil, 2006).

É importante salientar que a violência psicológica, possivelmente, consiste no tipo mais difícil de ser identificado socialmente, uma vez que as marcas desse tipo de violência não são tão visíveis. A violência psicológica produz efeitos severos na função personalidade, destitui as vítimas de suas identificações identitárias mais genuínas e produz confusão em relação às suas percepções e certezas. Contudo, além de consistir em uma violação de direitos, afeta as mulheres em amplo escopo, gerando problemas relacionados a motivação, saúde física, insatisfação com o corpo, problemas na vida sexual e relacionamentos interpessoais (Silva et al., 2015). Os danos podem ser ainda mais destrutivos quando a violência é recorrente e não facilmente identificada. Pode ser que a vítima demore a se perceber em situação de violência; ou que se encontre em caráter de desvantagem ou imobilidade; ou, ainda, que seja dependente dos agressores ou se perceba em risco caso faça qualquer tipo de denúncia, entendendo que denunciar, aqui, não se refere apenas à denúncia formal às autoridades, mas a toda e qualquer forma de explicitar e tornar socialmente claro que a vítima se percebe agredida. Reconhecer a situação de violência não é simples e procurar ajuda pode levar tempo (Teles, 2002).

A violência psicológica, em suas diversas nuances, pode funcionar como impeditivo para que as mulheres consigam reagir às outras formas de violência ou desenvolver estratégias para enfrentar ou buscar ajuda. Sinalizamos aqui quatro formas de violência psicológica cujos efeitos no *self* analisaremos mais adiante. São elas: *gaslighting* (faz que a vítima duvide de sua sanidade ou de sua percepção dos fatos; é comum que a vítima seja apontada como louca, exagerada, sensível demais), *mansplaining* (implica em explicar algo para uma mulher de forma didática, como se ela não tivesse capacidade de compreender, bem como desqualificar os conhecimentos de uma mulher, desmerecendo seus argumentos e suas posições), *manterrupting* (consiste em interromper a fala de uma mulher desnecessariamente, impedindo-a de concluir sua ideia) e *bropriating* (diz respeito a como homens se apropriam de ideias de mulheres e as tratam como se fossem suas) (Mulher 360, 2016). Essas estratégias, usadas de forma repetitiva, tornam-se naturalizadas e, como consequência, desqualificam intelectualmente, minam a autoestima e a autoconfiança, infantilizam e inferiorizam as mulheres, sendo formas de controle e submissão que servem à reprodução social do machismo. Nas quatro formas de violência nomeadas, os resultados promovem a desqualificação e a exclusão das vítimas, sendo os agressores pessoas que se utilizam de lugares de poder para exercer abuso mental sobre elas (Kuster, 2017).

A teoria da crença no mundo justo (CMJ), concebida por Lerner (1980), diz que se trata de um fenômeno funcional, com caráter adaptativo, pautado na ideia das pessoas de que o mundo é um lugar justo e ordenado, onde cada um tem o que merece e merece o que tem. Para o autor, a CMJ se desenvolve ainda na infância, quando as crianças passam a ser capazes de desistir de recompensas imediatas para obter recompensas superiores, em um momento posterior. Essa crença não desaparece na idade adulta. Embora possa variar de indivíduo para indivíduo, mantém-se a tendência a crer num mundo ordenado e justo como forma de reduzir as perturbações associadas aos acontecimentos injustos com os quais nos deparamos ao longo da vida.

Dessa forma, tentamos corrigir a sensação de injustiça usando estratégias racionais e irracionais como mecanismos de manutenção da CMJ, reduzindo assim a dissonância cognitiva relacionada a situações de sofrimento e injustiça (Lerner e Goldberg, 1999). As estratégias racionais são aquelas em que reduzimos o sentimento de injustiça tentando amenizar o sofrimento da vítima, oferecendo ajuda a grupos desfavorecidos, por exemplo. Contudo, quando não conseguimos eliminar o sofrimento das vítimas, sobretudo das vítimas inocentes, podemos lançar mão de estratégias irracionais de defesa, de modo a pensar que nenhuma injustiça aconteceu. Assim, muitas vezes, vítimas inocentes acabam sendo responsabilizadas como forma de manutenção da CMJ.

Diferentes vítimas apresentam diferentes ameaças à CMJ nos indivíduos. Contudo, uma vítima inocente, cujo sofrimento é persistente, parece ser o tipo mais ameaçador à CMJ. Qual seria a justificativa para que pessoas inocentes sofram de modo permanente? Como conviver com as situações de injustiça e continuar acreditando que é necessário confiar e seguir adiante? Para reduzir o desconforto, atribui-se à vítima culpa comportamental ou culpa personológica. Na primeira, o indivíduo é responsabilizado pelo que lhe acontece com base em seu comportamento ou ações; na segunda, com base em seu caráter ou personalidade. Ou seja, aspectos comportamentais ou da personalidade das vítimas são usados como justificativa ou explicação para a violência que sofreram (Janoff-Bulman, 1979).

O termo "vitimização primária" se refere à primeira violência sofrida; já "vitimização secundária" designa ser vítima uma segunda vez. Pessoas acometidas por pobreza, cancro, aids, desemprego, processo de envelhecimento, deficiência ou maus-tratos (Vala, 1993) tendem a sofrer duas vezes. A vitimização secundária acontece quando estratégias para a redução da dissonância cognitiva são utilizadas por observadores, testemunhas ou pessoas próximas às vítimas. São exemplos dessas estratégias a negação das vítimas ou situações em que há evitação de proximidade ou contato com elas; outro mecanismo consiste na desvalorização das vítimas, quando estas, por seu caráter ou posição social, são consideradas moralmente responsáveis por seu sofrimento; por fim, temos as estratégias de culpabilização das vítimas, quando seu comportamento e seus atos são utilizados como justificativas para afirmar que elas mereceram o que lhes aconteceu. Essas defesas psicológicas reduzem a perturbação associada ao testemunho de uma injustiça e preservam a CMJ dos indivíduos; contudo, acarretam o sofrimento das vítimas uma segunda vez (Lerner, 1980). Consideremos a importância de, como psicoterapeutas, não revitimizar pessoas que sofreram e sofrem violências primárias e certamente já são responsabilizadas por isso em diversos ambientes sociais. A clínica psicológica jamais deve constituir outro espaço de violação.

Dito isso, podemos pensar nas situações de violência de diversas ordens sofridas pelas mulheres e no quanto essas formas de violência são ameaçadoras à CMJ. De acordo com dados da Segurança Pública e do Sistema de Saúde brasileiros, estima-se que 1,23 milhão de mulheres no Brasil sofreram algum tipo de violência entre 2010 e 2017, mais de 17 mil mulheres foram assassinadas no país entre 2015 e 2018 e mais de 398 mil casos de violência psicológica foram notificados (Igarapé, 2019). Mulheres trans são alvo de violências constantes e têm a baixíssima expectativa de vida de 35 anos. Esse panorama tem sido objeto de discussões e mobilização social no país. Contudo, ainda se mantêm os mecanismos de responsabilização das vítimas e as estratégias de minimização de seus sofrimentos.

A naturalização desses mecanismos de violência não implica, necessariamente, em sua não percepção. É nesse ponto que a violência contra mulheres constitui um impedimento e uma ameaça à CMJ. Afinal, como podemos ser testemunhas cotidianas desses atos injustos e continuar acreditando na ordem do mundo? Assim, adotam-se estratégias de defesa e manutenção da CMJ e, com isso, se produz a vitimização das mulheres uma segunda vez. Diante da impossibilidade de ajudar às vítimas, seja porque a identificação das formas de violência é delicada e quase sempre diz respeito a contextos privados, seja porque têm receio de também serem vítimas de agressão, os observadores ou testemunhas da violência se tornam também agressores. A presença das vítimas de violência gera incômodo, e elas passam a ser socialmente evitadas, muitas vezes no próprio âmbito familiar: seus discursos são invalidados e desacreditados, seu sofrimento é minimizado, e elas passam a ter seus comportamentos e caráter submetidos a análise, usados para justificar a violência que sofreram.

Concluímos que as mulheres, vítimas de violência de todas as ordens, são um grupo que constitui uma grande ameaça à CMJ. Logo, são facilmente submetidas à vitimização secundária.

UMA LEITURA SOBRE A VIOLÊNCIA CONTRA MULHERES A PARTIR DA TEORIA DO *SELF*

O *self* é descrito por Perls, Hefferline e Goodman (1997) como um sistema complexo de contatos, composto por, pelo menos, três funções, a saber: id, ego e personalidade. O *self* se constitui enquanto totalidade de experiências relacionando o organismo e o meio, existindo numa fronteira de contato e se ajustando criativamente diante das demandas no campo. Precisamos, contudo, delinear dois conceitos fundamentais à teoria gestáltica antes de nos debruçar sobre o sistema *self*, seu ciclo de contatos e suas interrupções. É importante tratar do que compreendemos por *awareness*, conceito caracterizado por Ginger e Ginger (1995) como tomada de consciência global no momento presente, apreensão de todos os sentidos em relação ao mundo que, embora operando no presente, tem objetos que podem pertencer a outro tempo e espaço (Yontef, 1998). O segundo conceito, fundamental para que haja *awareness*, é o conceito de contato, ponto onde se desenha a distinção entre o eu e o não eu, responsável pelas mudanças nas pessoas e nas experiências que tenham do mundo (Polster e Polster, 2001).

Dito isso, podemos considerar que é possível haver contato sem *awareness*, porém não há *awareness* sem contato. Segundo Perls, Hefferline e Goodman (1997, p. 48) "contato é 'achar e fazer' a solução vindoura". Os excitamentos provenientes dos emergentes no campo crescem como figura e imperativo ao organismo, o que não se faz prioridade desliza para o fundo e o *self* é convocado, em sua totalidade enquanto integrador, unidade de síntese, sistema de contatos, a formar figuras e seus fundos. "O *self* não é uma entidade fixa nem uma instância psíquica — como o eu ou o ego — mas um processo especificamente pessoal e característico de sua maneira própria de reagir, num dado momento e num dado campo, em função do seu estilo pessoal" (Ginger e Ginger, 1995, p. 126).

O *self* enquanto sistema de contatos, promovedor de *awareness*, é o termo utilizado para se referir ao sujeito de forma holística, em sua totalidade, relacionado à formação de *gestalten* no campo e ao funcionamento humano saudável (Alvim, 2014). O *self* existe na fronteira de contatos e é necessário ao processo incessante de ajustamento criativo dos seres humanos ao meio exterior e interior. Suas três funções principais estão em relação permanente e delineiam o ciclo de formação e destruição de *gestalten*. A função id é compreendida como o fundo de hábitos, dimensão afetiva e impessoal do sistema. Nesse fundo de afetos retidos, estão as pulsões internas, as necessidades vitais, os atos automáticos (respirar, andar, dirigir enquanto pensamos em outras coisas). A função ego ou ato é a função ativa, de escolha ou de rejeição deliberadas, ligada à responsabilidade do sujeito por limitar ou aumentar o contato e manipular o meio partindo de suas necessidades e desejos. A função personalidade, por sua vez, diz respeito às representações que o sujeito faz de si mesmo, ao seu autoconceito, que lhe permite perceber-se responsável pelo que sente e faz, integrando as experiências anteriores e assimilando o que foi vivido ao longo da história. É a função personalidade que constrói um sentimento de identidade (Ginger e Ginger, 1995).

Este tópico se destina ao exame das interrupções e dos sofrimentos causados pelas situações de violência primária, de ordem física, sexual e psicológica, e da vitimização secundária promovida contra mulheres. Esta análise breve não pretende chegar a conclusões fechadas, mas delinear um possível quadro que ajude terapeutas a pensar suas intervenções no acompanhamento a vítimas de violência ou dar início a uma fundamentação acerca da violência contra a mulher e seus efeitos no *self*. Levamos em consideração que o sistema inteiro e suas três funções estão imbricados no campo; contudo, tentaremos apontar a função mais afetada e seus principais efeitos.

Antes de examinar esses rudimentos, faz-se necessário considerar uma ontologia enquanto ponto de partida. Entendemos que os seres humanos, numa perspectiva fenomenológico--existencial, base epistemológica para a Gestalt-terapia, estão fadados à sua liberdade plena e à total responsabilidade por seus atos. Somos sujeitos sociais, nos subjetivamos dentro das condições de possibilidade de um tempo, mas podemos considerar que, apesar da primazia dos fenômenos sociais sobre os individuais, há certa medida, pequena e limitada, de autodeterminação e autonomia. Mas o que dizer das circunstâncias de violência em que as pessoas são destituídas da sua liberdade de ação e escolha, temendo pela própria vida? Em situações de violência, há interdição parcial ou completa da função ego imbricada no campo; as possibilidades motoras são reduzidas e, na situação de emergência, não é possível que a função ego opere espontaneamente.

Aqui, consideramos que, na maioria dos seus trabalhos, a literatura gestáltica concebe as interdições na função ego como ajustamentos evitativos, mecanismos de defesa típicos da neurose. Esses mecanismos são escolhas, operadas pelos sujeitos, livres. É importante salientar que, durante um episódio de violência (a agressão física, a violência psicológica que confunde os afetos e produz ambivalência, as violências sexuais), restam à vítima poucos recursos possíveis para a função ego operar (gritar, chorar, recorrer à força física para tentar evitar a violência, fugir). Dessa maneira, sinalizamos que a interdição na função ego no momento em que uma violência ocorre produz a destituição da liberdade, a limitação da autonomia, não se tratando de liberdade de escolha, mas de reação possível. Nesse sentido, os ajustamentos de evitação produzidos não são neuróticos, assim como os efeitos posteriores — episódios ansiosos, evitação de lugares e pessoas, episódios depressivos e toda sorte de sofrimentos — não são neurotizações, mas efeitos do distúrbio de *self* espontâneo ou aflição[2] (PHG, p. 235).

A máxima existencialista de que podemos não ser responsáveis pelo que nos acontece, mas somos pelo que escolhemos fazer com o que nos fizeram, pode resistir após o ato violento

---

2. No original, de 1951, o termo é *misery*. Podemos considerar que o distúrbio da função personalidade é o distúrbio de *self* espontâneo e seu efeito é indigência, penúria — estado de sofrimento que é resultado da destituição de nossas identidades sem que tenhamos escolha. Situações de perda identitária, como lutos, efeitos de tragédias naturais e toda sorte de malogros sobre os quais não temos escolha, produzem a interdição do *self* espontâneo e resultam em aflição.

como forma de recuperar a função personalidade e restituir ao *self* uma medida de identidade possível, sendo muitas vezes essa a função do acompanhamento psicoterápico. Contudo, em dadas circunstâncias do campo, entre elas as situações de violência, a função ego das vítimas é interditada, submetida ao poder de outrem, restando poucas possibilidades (ou nenhuma, nos casos de feminicídio) de escolha livre de ação. Suas identidades são reduzidas à violência que sofreram: a mulher estuprada, a mulher ameaçada pelo companheiro, a mulher vítima de violência.

Como fundo habitual retido da experiência, as mulheres sabem que podem sofrer outra vez e o *self* fica inteiramente comprometido. Não é possível operar de modo espontâneo com facilidade, nem sempre as vítimas encontram suporte (social, familiar) e, eventualmente, a psicoterapia ou acompanhamento psicológico constitui o único espaço de escuta e acolhimento. Por isso, nossa tarefa ética deve incluir o compromisso com as mulheres, e a nossa atuação deve contribuir para o cuidado e a recriação, e não para que sejam vítimas outra vez.

A seguir, examinaremos os tipos de violência e pensaremos sobre os efeitos dessas violências no sistema *self*, considerando suas três funções principais. Nosso objetivo é que, enquanto terapeutas, tenhamos noção dos efeitos que a violência produz no *self*.

ÉTICA GESTÁLTICA E ACOLHIMENTO A MULHERES VÍTIMAS DE VIOLÊNCIAS

- **Violência física:** a interdição se dá no campo da ação. A vítima é objeto da ação de outro, muitas vezes sem possibilidade de defesa ou reação. O feminicídio é a dimensão mais grave da violência física. É possível considerar que a função majoritariamente afetada em situações de violência física é a função ego, uma vez que a vítima é capaz de compreender todo o afeto implicado na situação sem, no entanto, conseguir agir de maneira correlata com o excitamento. Também podemos apontar os efeitos na função personalidade, uma vez que o resultado final da violência física consiste na degradação da identidade da vítima, que constata sua impossibilidade de ação e defesa. As possibilidades de intervenção clínica diante de situações de violência física contra mulheres se amparam em duas perspectivas: a primeira diz respeito a acolher a vulnerabilidade da vítima, dando lugar respeitoso à sua identidade vulnerável, e a segunda diz respeito a construir, no tempo da vítima, possibilidades de restituição das reações físicas impedidas pela violência. Conseguir agir de alguma forma, criar estratégias de denúncia ou fuga, encontrar caminhos para sair da relação podem ser maneiras de mobilizar o desejo no horizonte de futuro e, aos poucos, reconstruir possibilidades de ação.

- **Violência sexual:** também aqui a função ego apresenta-se impedida e interrompida. A vítima sofre constrangimento relacionado à sua identidade, possivelmente de forma mais agressiva que nos casos de violência física, uma vez que a degradação moral relacionada a crimes sexuais está sempre presente. Para além da violência física, o ato libidinoso praticado contra a vontade amplia a objetificação e gera vergonha, constrangimento e medo. A subnotificação de estupros e violências sexuais provavelmente está relacionada aos mecanismos de vitimização secundária. A vítima introjeta o julgamento social, percebe a si mesma por meio da violência sofrida e credita à sua roupa, ao seu comportamento ou ao ambiente que frequenta — em suma, às suas escolhas — o motivo pelo qual foi agredida. As possibilidades interventivas estão relacionadas ao acolhimento do sofrimento da vítima, à restituição de sua autoestima e ao fortalecimento da compreensão de que seu comportamento ou caráter não são motivos ou justificativas para a violência sofrida. É possível, também, construir e criar formas de ressignificação da função ego interrompida, denunciando ou promovendo ações que ressignifiquem a violência e restituam a dimensão antropológica (militância, campanhas de proteção e denúncia).

• **Violência psicológica:** nesses casos, a interrupção ou interdição se dá majoritariamente na função id e amplia seus efeitos na função personalidade. A vítima não consegue compreender, a princípio, o caráter ambíguo da violência e o sofrimento ético, relacionado à fragmentação ou indisponibilidade dos dados afetivos na função id, acontece. As ações da vítima são desacreditadas e desqualificadas, apontadas como dissonantes, e a vítima tem sua sanidade mental posta à prova, passando a desconfiar de si mesma e de sua percepção. A ideia de que a vítima está 'louca', bem como o uso de um significante relacionado à psicose, não se aplicam de forma aleatória aqui. Assim como na clínica das psicoses, é o dado afetivo que aparece ambíguo, é a função de ato que parece descontextualizada e é assim apontada pelo agressor como desarticulada ou desorganizada, levando a vítima a ocupar um lugar de exclusão e destituição no campo social. Também se pode apontar a presença de mecanismos de defesa típicos dos quadros psicóticos por parte da vítima, uma vez que esta, alienada, pode experimentar estados paranoicos, ideias de perseguição e medo recorrentes, que a levam ao isolamento social e à exclusão. As intervenções possíveis dizem respeito à reorganização dos afetos no campo, para que a vítima reestruture o significado de suas ações e consiga recompor a função personalidade aviltada, recompondo seus dados antropológicos e dando a si mesma um lugar de credibilidade. Mais uma vez, denunciar os mecanismos utilizados pelos agressores tem caráter importante, visto que dão credibilidade à vítima e ao seu sofrimento.

Os mecanismos de vitimização secundária (minimização do sofrimento, evitação, culpabilização e desvalorização da vítima), por estar situados majoritariamente no campo da violência psicológica, estão relacionados à interdição na função id e personalidade e à redução das possibilidades da função ego. A relação terapêutica em si já pode ter efeitos curativos, na medida em que ajuda a organizar e restituir a credibilidade e a confiança da vítima em si mesma. Facilitar para que a vítima reencontre, construa, crie elementos identitários em substituição aos aspectos destituídos pela violência também pode ser de grande valia — que a mulher exerça papéis sociais relacionados ao trabalho, por exemplo.

A violência contra mulheres é um fenômeno complexo, multifacetado, pautado em relações de poder e no machismo estrutural; é, portanto, um fenômeno de difícil desmembramento (Teles, 2002).Como vimos, para além das formas de violência primária, as mulheres são, inúmeras vezes, vítimas uma segunda vez. A vitimização secundária acontece quando observadores ou testemunhas de situações de injustiça responsabilizam as vítimas como forma de preservar suas crenças de que o mundo é um lugar justo e ordenado (Lerner, 1980).

De acordo com o referencial gestáltico, as situações de violência produzem interrupções no fluxo de criação e destruição de *gestalten*, gerando sofrimentos de diversas ordens. Os sintomas produzidos pela violência física, sexual e psicológica são desordens severas, com efeitos que se estendem no tempo e nas relações posteriores das mulheres, e estão relacionados ao lugar político e social onde as vítimas são colocadas. Dessa forma, é importante perceber os mecanismos da violência e os estereótipos gerados por esses eventos, bem como identificar a vitimização secundária enquanto fenômeno social e mecanismo reforçador da violência psicológica.

Para resistir à violência e combatê-la, é necessário compreender como o sofrimento opera, questionando as normas sociais e usando toda sorte de mecanismos que facilitem a dissolução da culpa imputada à vítima. É necessário, portanto, compreender as dimensões coletivas e grupais da violência. Os mecanismos de denúncia (sejam formais, aos órgãos competentes, sejam sociais, a familiares, amigos, terapeutas) são relevantes porque possibilitam que o campo de ação da vítima comece a ser restituído. É importante que as vítimas possam falar e ser ouvidas. Quando as mulheres percebem que não desejam mais ocupar os lugares de objetos de poder e violência, nem sempre há mudança imediata e saída iminente da situação. Nesse sentido, as instituições sociais são fundamentais, bem como todo tipo de suporte à vítima. Não podemos esquecer, contudo, que o problema é de ordem ampla e social, não devendo ser tratado apenas em sua dimensão privada.

Em situações de violência contra mulheres, diante de vulnerabilidades políticas, é possível que o trabalho clínico gestáltico extrapole o *setting* tradicional e ganhe outros contornos. Diante das vulnerabilidades éticas, é fundamental não exercer o papel de conformação social; muitas vezes, devemos oferecer o corpo de afetos e o lugar privilegiado que ocupamos enquanto clínicos para contribuir com a reorganização afetiva das vítimas. Diante das vulnerabilidades antropológicas, nosso papel é promover o resgate dos elementos que permitam reconfigurar a identidade vitimizada. A função clínica é, sobretudo, de resistência, atuando para que, diante das injustiças existentes no mundo, sejamos nós a construir e criar, onde possível, formas de vida íntegras e livres.

REFERÊNCIAS

Alvim, M. B. "*Awareness*: experiência e saber da experiência". In: Frazão, L. M.; Fukumitsu, K. (orgs.). *Gestalt-Terapia — Conceitos fundamentais*. v. 2. São Paulo: Summus, 2014. p. 13-30.

Brasil. *Lei Maria da Penha*. Lei nº 11.340, 7 ago. 2006.

Conselho Federal de Psicologia. *Jornal do Federal*. Ano XXVII, n. 112, mar. 2016.

Ginger, S.; Ginger, A. *Gestalt — Uma terapia do contato*. 4. ed. São Paulo: Summus, 1995.

Igarapé, Instituto. *Evidências sobre violências e alternativas para mulheres e meninas*. Eva, 2019. Disponível em: <https://eva.igarape.org.br/public_security>. Acesso em: 28 maio 2023.

Janoff-Bulman, R. "Characterological versus behavioral self-blame inquires into depression and rape". *Journal of Personality and Social Psychology*, v. 37, n. 10, p. 1798-809, 1979. Disponível em: <https://doi.org/10.1037/0022-3514.37.10.1798>. Acesso em: 28 maio 2023.

Kuster, E. "Do simbólico ao real: faces da violência de gênero". *Revista Eletrônica de Estudos do Discurso e do Corpo*. Vitória da Conquista, v. 12, n. 2, p. 83-109, 2017. Disponível em: <https://doi.org/10.22481/redisco.v12i2.2389>. Acesso em: 28 maio 2023.

Lerner, M. J. *Belief in a just world — A fundamental desilusion*. Nova York: Plenun Publish Corporation, 1980.

Lerner, M. J.; Goldberg, J. H. *When do decent people blame victims? The differing effects of the explicit/rational and implicit/experiential cognitive systems*. Nova York: Guilford, 1999.

Mulher 360 — Movimento Empresarial pelo Desenvolvimento Econômico da Mulher. "MM360 explica os termos *gaslighting, mansplaining, manterrupting* e *bropriating*". 2016. Disponível em: <http://antigo.movimentomulher360.com.br/mm360-explica-os-termos-gaslighting-mansplaining-bropriating-e-manterrupting/>. Acesso em: 14 jun. 2023.

Organização Pan-Americana da Saúde; Organização Mundial da Saúde. *Violência contra a mulher — Estratégia e plano de ação para o reforço do sistema de saúde para abordar a violência contra a mulher*. 54º Conselho diretor. 67ª Sessão do comitê regional da OMS para as Américas, Washington, Estados Unidos, 2015. Disponível em: <http://iris.paho.org/xmlui/bitstream/handle/123456789/18386/CD549Rev2_por.pdf?sequence=9&isAllowed=y>. Acesso em: 28 maio 2023.

Perls, F.; Hefferline, R.; Goodman, P. *Gestalt-Terapia*. São Paulo: Summus, 1997.

Polster, E.; Polster, M. *Gestalt-terapia integrada*. Tradução de Sonia Augusto. São Paulo: Summus, 2001.

Teles, M. A. A.; Melo, M. *O que é violência contra a mulher*. 1. ed. São Paulo: Brasiliense, 2002.

Sacramento, L. T.; Rezende, M. M. "Violências: lembrando alguns conceitos". *Aletheia*, Canoas , n. 24, p. 95-104, dez. 2006. Disponível em <http://pepsic.bvsalud.org/scielo.php?script=sci_arttext&pid=S1413-03942006000300009&lng=pt&nrm=iso>. Acesso em: 28 maio 2023.

Silva, S. A., et al. "Análise da violência doméstica na saúde das mulheres". *Journal of Human Growth and Development*, São Paulo, v. 25, n. 2, p. 182-6, 2015. Disponível em: <http://dx.doi.org/10.7322/jhgd.103009>. Acesso em: 28 maio 2023.

Vala, J. "Valores sócio-políticos". In: França, L. (org.). *Portugal, valores europeus, identidade cultural*. Lisboa: Instituto de Estudos para o Desenvolvimento, 1993.

Yontef, G. M. *Processo, diálogo e awareness — Ensaios em Gestalt-terapia*. Tradução de Eli Stern. 2. ed. São Paulo: Summus, 1998.

3
Experiências estrangeiras: passos gestálticos de uma psicologia andarilha na clínica com pessoas em situação de refúgio

LAURA CRISTINA DE TOLEDO QUADROS

Uma das coisas que venho aprendendo nestes muitos anos de prática em Gestalt-terapia é que a clínica se constitui no movimento, no risco, e não na estabilidade. A Gestalt, desde sua inserção na psicologia, já chega desconstruindo a ideia de um *setting* sisudo, muito formal ou neutro. Almofadas, cores, material artístico, adornos, em geral, compõem nossos espaços de cuidado. Entretanto, e quando a clínica nos convida a transcender paredes? E quando ela revira formas e enquadres? Parafraseando Milton Nascimento (2014), que nos diz que "todo artista tem de ir aonde o povo está", nós, psicoterapeutas, muitas vezes precisamos deixar nosso consultório (seja na clínica privada, seja no sistema de saúde pública) e seguir o fluxo das demandas que nos chegam. Nesse sentido, tenho feito uma aposta no que podemos chamar de "psicologia andarilha", ou seja, aquela que também acompanha as pessoas em suas mobilidades; aquela que caminha junto, desloca-se, sai do lugar, multiplicando sentidos de um fazer clínico.

Segundo o *Dicionário Eletrônico Houaiss da Língua Portuguesa*, andarilho "é aquele que anda muito, percorre muitas terras ou anda de forma erradia" (2008). Se tomarmos essa proposição como metáfora para pensarmos a clínica em psicologia, percebemos que, em nossa prática, caminhamos por terras diferentes, em diversos momentos, no risco da errância e, ao mesmo tempo, na surpresa de boas descobertas. O intuito deste artigo é trançar essa metáfora com a própria concretude da mobilidade, a partir de uma experiência de atendimento psicológico a pessoas em situação de refúgio, na qual a vivência de deslocamento se faz constante, provocando também um deslocamento da clínica. Assim, estar com as experiências estrangeiras nos produziu movimentos, tomados aqui como passos gestálticos, justamente pela inspiração que a própria Gestalt-terapia nos traz.

Desde 2017, tenho desenvolvido a pesquisa "Vidas em movimento: refugiados, sofrimento psíquico e reinvenções do cotidiano — Um estudo na abordagem gestáltica em articulação com a teoria ator-rede"; e, desde 2018, uma linha de estágio no Serviço de Psicologia Aplicada (SPA) do Instituto de Psicologia da Universidade do Estado do Rio de Janeiro (IP-UERJ), em parceria com o Pares Cáritas e conveniada à Cátedra Sérgio Vieira de Mello, da Agência da ONU para Refugiados (Acnur). No estágio, acompanhamos o fenômeno das migrações por meio do atendimento e do acolhimento psicológico a pessoas em situação de refúgio, tendo a abordagem gestáltica como referência de prática clínica. E o que isso tem nos ensinado?

O termo "refúgio" carrega em si uma tensão, uma vez que pode significar tanto um lugar para onde escapamos de algum perigo quanto um retiro, um espaço no qual nos sentimos protegidos. Nos últimos anos, a movimentação de povos tem aumentado significativamente pelo mundo e, segundo dados do Acnur (2022):

> Ao final de 2021, o número de pessoas deslocadas por guerras, violência, perseguições e abusos de direitos humanos chegou a 89,3 milhões (um crescimento de 8% em relação ao ano anterior e bem mais que o dobro verificado há 10 anos), de acordo com o relatório "Tendências Globais", uma publicação estatística anual do Acnur. Desde então, a invasão da Ucrânia pela Rússia — que causou a mais veloz e uma das maiores crises de deslocamento forçado de pessoas desde a Segunda Guerra Mundial — e outras emergências humanitárias, da África ao Afeganistão e além, elevaram este número para a marca dramática de 100 milhões. (Acnur, 2022, n. p.)

Os números não param de crescer, produzindo um fenômeno que requer um olhar multidisciplinar, considerando as muitas necessidades das pessoas nessas condições. No Brasil, a realidade de pessoas em situação de refúgio não é fácil. Há muitas exigências para o cumprimento da legislação em vigor, e as dificuldades para obtenção de vistos incidem diretamente na dificuldade para conseguir um trabalho formal, comprometendo os meios de sobrevivência dessa população. Este capítulo não adentrará essas peculiaridades, visto que o objetivo é compartilhar nosso manejo na clínica, mas nos pareceu importante situar o(a) leitor(a) nesse contexto marcado por tensões, desafios e ansiedades. Para acolher tal realidade, precisamos, antes, ter a dimensão de que, diante de nós, há a luta pela sobrevivência, há barreiras linguísticas que dificultam a comunicação, há diferenças culturais que não devem ser julgadas, há a necessidade do despojamento com contornos ético-políticos essenciais.

Ressalto ainda que, na psicologia brasileira, os estudos e as pesquisas acerca dessa temática são relativamente recentes, o que torna este texto um exercício ainda em curso, sem afirmações conclusivas. Por isso, reafirmamos ser este um desdobramento que se faz como uma psicologia andarilha, explorando espaços, desbravando territórios e construindo caminhos possíveis. Caminhamos a passos gestálticos, que vão ao ritmo dos acontecimentos, buscando conhecer e não invadir, acompanhar e não impor, cuidar e não tutelar. Afinal, o nascedouro de nossa abordagem também traz essa marca.

ANDARILHOS GESTÁLTICOS: RAÍZES DA NOSSA EXPERIÊNCIA ESTRANGEIRA

O poeta Fernando Pessoa, em seu heterônimo de Ricardo Reis, alerta que "Somos estrangeiros/ Onde quer que estejamos" (Pessoa, 2006, n. p.). A despeito dos impactos existenciais singulares que essa afirmação provoca, ao nos voltarmos para a trajetória dos principais articuladores da abordagem gestáltica — em especial, o casal Fritz e Laura Perls —, constatamos que foi uma trajetória nômade e também marcada por episódios de fuga. Rebeldes e insurgentes na Alemanha dos anos 1930, em pleno crescimento de ideais nazistas, o casal pressentiu o perigo ainda antes de muitos. Segundo Juliano (2004):

> O casal frequentava o grupo "Bauhaus", que era composto de artistas, poetas, filósofos e arquitetos. Esse grupo tinha posições

políticas radicais, lutando por mudanças drásticas dos códigos vigentes. Logo se tornou alvo dos grupos nazistas que estavam em ascensão. Através da participação política tinham rápido acesso a informações, e perceberam que a situação era grave. Na época moravam em Berlim, com sua filha Renata, quando em 1933, decidiram que era hora de sair da Alemanha. Deixaram tudo para trás e com apenas 33 dólares escondidos na cigarreira de Fritz, foram para Holanda onde ficaram num campo de refugiados enfrentando uma vida de miséria. (p. 2-3)

Ainda que logo depois, em 1934, com ajuda do psicanalista inglês Ernest Jones, eles tenham migrado para a África do Sul com mais prosperidade, há certo *desterramento* dramático que, a meu ver, atravessa a construção da abordagem; a vivência de tantas mudanças promoveu ajustamentos criativos no cotidiano dos próprios idealizadores. Após a próspera passagem pela África do Sul, numa característica inquietação, sobretudo de Fritz, em 1946, o casal partiu para os Estados Unidos, onde a Gestalt-terapia ganhou contornos mais evidentes, constituindo-se formalmente como abordagem clínica, amadurecendo e ganhando o mundo, principalmente nos rastros da contracultura — em outras palavras, mantendo-se rebelde e contestadora, tal qual a chama idealista de seus fundadores.

Já no final dos anos 1960, a inquietude de Fritz o levou a uma estadia no Canadá, onde esteve por um período curto, porém, significativo. Lá, Fritz buscou iniciar a realização do sonho de instaurar um misto de comunidade e centro de treinamento (Helou, 2015). Um sonho de uma comunidade não hierarquizada, cooperativa, afetuosa, responsável e engajada com as demandas sociais. Esse é o vento que refresca o fazer gestáltico, uma das primeiras abordagens clínicas a enfatizar a relação pessoa-mundo como fundamental para um bem-viver. Perls (1981, p. 40) afirma que "o homem que pode viver um contato íntimo com sua sociedade, sem ser tragado por ela nem dela completamente afastado, é um homem bem integrado [...] O objetivo da psicoterapia é justamente criar tal homem".

Portanto, nossas raízes, enquanto abordagem na clínica em psicologia, privilegiam uma amplitude de olhar, uma perspectiva inclusiva que pensa a saúde como movimento, como experiência viva, o que nos leva a refletir que nosso intervir como Gestalt-terapeutas nos convoca a uma inserção nos acontecimentos que estão à nossa volta. A situação das migrações e do refúgio que se faz crescente não é mais um acontecimento *lá,* mas sim uma realidade que veio bater à nossa porta e que nos leva a rever certos limites da clínica *aqui e agora.*

Nesse sentido, seguir com os passos gestálticos nos permite buscar os arranjos possíveis para um cuidado integrado, que considere as singularidades das diferentes culturas e situações que acolhemos. Inspiradas na Gestalt-terapia, desenvolvemos o que chamamos de uma clínica do possível e das possibilidades (Quadros, Oliveira e Schaefer, 2022), isto é, uma clínica que se move, uma prática andarilha que ajusta enquadramentos e modos de intervir a fim de favorecer o processo psicoterápico, considerando as circunstâncias do refúgio e criando dispositivos de cuidado que ampliem o alcance da nossa atuação. As implicações deste trabalho incidem nas pessoas atendidas e na equipe do estágio, afetando a própria formação em Psicologia e fazendo desta uma experiência coletiva de construção de conhecimentos, aprendizados e práticas de cuidado.

No acolhimento a pessoas em situação de migração e refúgio, apoiamo-nos na noção de "fronteira", ideia que nos é tão cara em Gestalt-terapia e que, nessa relação, nos leva à reconfiguração de sentidos. Para muitas pessoas nessa circunstância, fronteiras são vivenciadas como barreiras, impedindo inclusive o livre fluxo de ir e vir. Partimos, então, de outra perspectiva de fronteiras, sem barreiras, mas com contornos que favoreçam a experiência do contato.

FRONTEIRAS SEM BARREIRAS: O CONTATO NO ACOLHIMENTO A PESSOAS EM SITUAÇÃO DE REFÚGIO

O estágio que realizamos no SPA da UERJ tem sido um profícuo campo de aprendizagem, tanto quanto desafiador. A experiência do refúgio é um campo novo para todos nós, e alguns arranjos tecidos coletiva e intuitivamente, por meio de nosso entusiasmo e disponibilidade para o encontro, foram encorpando nosso trabalho.

Percebemos, quase que de imediato, que a vivência das pessoas em situação de refúgio era composta pela percepção de muitas barreiras, a começar pela mais óbvia: a diferença na língua! Outras diferenças culturais, dificuldades com trâmites burocráticos e com o acesso a políticas públicas, além de diversos sentimentos de não pertencimento, constituem-se em entraves para que essa população tenha o mínimo de condições possíveis para seguir sua vida. Além disso, esse deslocamento radical produz muitas perdas, dentre elas a do *status* socioeconômico, bem como a das relações familiares e do trabalho — incluindo a perda de referência profissional, uma vez que muitas pessoas não podem, de imediato, exercer sua profissão no Brasil (Dantas, 2017).

Assim, os sofrimentos enfrentados têm uma face concreta; no entanto, a dimensão sensível dessa vivência também necessita ser ouvida e acolhida como desdobramento do cuidado. Em tempos hostis, o *sensível* precisa de espaço, contorno, para que possamos resgatar nossa humanidade. A jornalista Eliane Brum (2017) nos brinda com uma bela reflexão no prefácio do livro de Débora Noal, O *humano do mundo*:

> Neste mundo em que a humanidade tem se especializado em criar muros cada vez maiores e mais numerosos, barreiras cada vez mais monstruosas, cercas que nem sequer se imaginava possível que fossem inventadas, a organização com a qual Débora trabalhou entre 2008 e 2014 faz talvez o mais amplo gesto político, que é o de atravessar as fronteiras para levar cuidado. E, ao fazê-lo, lembra a nós todos que a única fronteira que não pode ser ultrapassada é a do respeito à vida do outro. (Brum, 2017, p. 5)

Assim, buscando nos deslocar na fronteira para o cuidado, desenvolvemos algumas estratégias para a atuação clínica com a população em situação de refúgio que foram se desenhando a partir do próprio processo vivenciado no estágio. Nossa universidade, a UERJ, integra a Cátedra Sérgio Vieira de Melo, do Acnur, e tem outros projetos de apoio a refugiados(as), dentre eles as aulas de português. Essa foi uma ponte importante de divulgação do nosso trabalho às pessoas que se interessavam pelo atendimento. Dessa forma, a busca pela psicoterapia era espontânea e/ou por encaminhamento da Cáritas, porém sem obrigatoriedade.

Nossa equipe é multilíngue, mas, como não é tão fácil termos estudantes de graduação fluentes em diferentes línguas, adotamos a estratégia de atendimento em duplas de estagiários. As pessoas que nos procuravam estavam também em processo de aprendizagem da língua portuguesa e, desse modo, o cuidado era distribuído e a comunicação acontecia no campo do possível e a partir do reconhecimento das diferenças. Sendo os atendimentos na abordagem gestáltica, a experiência do contato acontecia de forma vivificada, na qual o corpo, a presença e a disponibilidade tornam-se fundamentais. Seguindo Perls, Hefferline e Goodman (1997, p. 44), contato é "[...] todo tipo de relação viva que se dê na fronteira, na interação entre o organismo e o ambiente".

Portanto, fomos nos deslocando, diluindo barreiras e transformando-as em delicadas fronteiras de contato, buscando promover o encontro. Vimos, nessa prática, a riqueza conceitual da abordagem gestáltica quando ela nos apresenta a importância da sensorialidade, a partir das funções de contato (D'Acri, 2014). Cheirar, olhar, saborear, escutar e tocar são modos de interagir com o mundo, além da fala e do movimento (Polster e Polster, 2001), formas essas legitimadas na Gestalt-terapia, embora pouco discutidas na graduação.

Nessa vivência de experiências estrangeiras, descobrimos quão potentes são as funções de contato. Lidamos com pessoas em situação de refúgio vindas da Síria, da Nigéria, do Congo, da Venezuela, da Colômbia, da Tunísia. Nem sempre nosso conhecimento de outras línguas foi suficiente. A abertura para o uso de outros sentidos, como propaga a abordagem gestáltica, amplia nossas possibilidades de contato e, consequentemente, aquece o acolhimento. Isso faz toda a diferença!

Embora não seja Gestalt-terapeuta, a psicóloga Débora Noal, que trabalhou no Médicos sem Fronteiras em diferentes partes do mundo, atuando em situações extremas e com pessoas de diferentes etnias e culturas, destaca a importância da sensorialidade na lida com o humano do mundo:

> Levei seis anos para me autodenominar psicóloga, mais dois anos me especializando e muitas noites em claro estudando técnicas de atendimento. Mas, na hora do cuidado face a face, acredito que não exista nada mais importante que sentir a pessoa com os cinco sentidos, deixando que a técnica se expresse através deles. Afinal, do contrário, serei um processador de palavras. A entrega de uma escuta com cinco sentidos, acredito eu, é percebida pela pessoa que está junto a mim. Então é isto, acho que uso a técnica mais utilizada na humanidade, a técnica dos cinco sentidos: escutar, ver, sentir o cheiro, tocar quando lhe é permitido, sentindo o gosto da humanidade. (Noal, 2017, p. 155)

Logo, o encontro pelo olhar ou pelos pequenos gestos permitiu que nosso trabalho ganhasse força.

GESTALT E INTERCULTURALIDADE: UMA RELAÇÃO INTRÍNSECA

A abordagem gestáltica, apoiada na noção de campo desenvolvida por Kurt Lewin, é uma das primeiras abordagens na clínica a considerar os diferentes espaços nos quais transitamos, compreendendo que nossas vivências são um fenômeno de campo. O campo é tecido por diversas forças que atuam sobre as relações estabelecidas entre a pessoa e o meio. De forma não determinista, a Gestalt compreende a pessoa como uma totalidade, considerando a integralidade de eventos que a perpassam. Daí a importância de considerarmos tanto a ancestralidade quanto os atravessamentos culturais.

A perspectiva intercultural tem diversas vertentes, e é preciso ter cuidado nessa terminologia. Segundo Dantas (2017), embora "interculturalidade" seja um termo que assume diferentes sentidos, dependendo da disciplina, do país ou do contexto, podemos entender que a "interculturalidade enfoca a necessidade de privilegiar o diálogo, a vontade da inter--relação e não da dominação" (p. 60). Assim, não cabe uma interação que busque submeter ou desqualificar as diferenças culturais. Essa é uma atitude primordial na clínica com pessoas em situação de refúgio.

O objetivo deste tópico não é traçar comparações ou situar a Gestalt-terapia em alguma vertente intercultural. Porém, essa perspectiva intercultural tem sido amplamente difundida no atendimento psicoterápico a pessoas em situação de migração e refúgio. Uma das principais razões para tal consiste na defesa de que a "ideia essencial subjacente a esta abordagem é que a cultura não pode ser dissociada dos indivíduos que a trazem à vida e se estruturam por meio dela" (Vinsonneau, 2002 *apud* Belkaïd e Guerraoui, 2003, p. 125, tradução nossa). Destacamos aqui que a Gestalt, num certo olhar visionário, há muito tempo já produz esse contorno flexível, essa abertura para o novo, em detrimento de um saber universalizado.

Ressaltamos que os atravessamentos culturais acontecem de forma bastante acentuada nos atendimentos que realizamos. Tradições, hábitos, restrições, recortes religiosos são temas que emergem nas relações que essas pessoas que atendemos nos trazem. São, efetivamente, experiências estrangeiras que vão se reconfigurando na fronteira de contato, sem, no entanto, perder sua origem. Os movimentos acontecem num campo de afetações que promovem transformações, mas não rupturas. Isso é uma marca das migrações na contemporaneidade.

Em entrevista ao jornalista Fernando Eichenberg, o psiquiatra francês Tobi Nathan (2018), com vasta experiência em atendimento a imigrantes na França, alerta para importantes mudanças nesse fenômeno hoje:

A ideia na cabeça dos imigrantes — e dos clínicos — era de que estavam lá para se tornarem franceses. Iriam perder sua identidade étnica, cultural, religiosa precedente para se tornarem, em uma ou duas gerações, franceses. Isso criava vários problemas, porque obviamente não funciona assim. Havia problemas, principalmente, no contato com as instituições francesas. O conflito se dava em torno de "você vai perder sua identidade e se tornar um francês desde o seu interior". Isso acabou. Hoje não é mais a mesma imigração. As pessoas vêm, mas não partem de todo, há Skype e outras formas de comunicação, as passagens de avião não são tão caras como antes, o contato com o país de origem permanece. Hoje, não são mais imigrações de ruptura, mas diásporas. (Nathan, 2018, n. p.)

Nesse sentido, o que observamos na clínica é exatamente essa busca pela manutenção de raízes ancestrais, concomitante com uma necessidade de absorver o novo, não mais como busca de identidade brasileira, mas como direito de estar em movimento e aportar em segurança numa experiência de trocas. Uma das pessoas que acompanhamos por dois anos sintetiza isso ao declarar que o Brasil tem muito a oferecer a ela, mas ela também tem muito a oferecer ao Brasil. Essa consciência mantém a integridade da relação com seu país de origem, ainda que sua vinda para cá tenha sido por circunstâncias difíceis, ao mesmo tempo que abre caminhos para uma integração sem submissão, sem hierarquização, mantendo-a mais livre e fortalecida.

Infelizmente, nestes tempos difíceis, a receptividade ao estrangeiro em situação de migração e refúgio é bastante irregular no Brasil. O racismo e a xenofobia são uma realidade no cotidiano dessa população. O pesquisador Wallace Oliveira (2019), que também atua nesse segmento, compartilhou um depoimento contundente de uma mulher refugiada que nos emociona ao dizer que o Brasil abre suas portas para o(a) refugiado(a), mas não o(a) convida a sentar à mesa. Essa é uma expressão que nos leva a refletir que a falta de políticas públicas para receber e integrar essa população ao nosso país, e para nos educar a recebê-la, produz mais marcas de sofrimento a uma já sofrida jornada.

Junto a essa difícil situação de refúgio, misturam-se sentimentos e anseios que já estavam presentes na vida dessas pessoas, trazendo à tona a dimensão humana que nos afeta e nos (re)une em muitas circunstâncias. O entrelaçamento cultural provoca transformações — e, por que não, invenções — nessas vidas em movimento, retirando-nos das certezas e estereotipias com as quais, não raro, nos deparamos quando lidamos com as diferenças. Daí a importância de discutirmos essa temática no campo da clínica, especialmente da clínica gestáltica.

EXPERIÊNCIAS ESTRANGEIRAS: AJUSTAMENTOS CRIATIVOS NO VIVER E NO FAZER

Nossa atuação tem nos levado a muitos ajustamentos criativos. Além dos atendimentos em dupla, outras negociações foram necessárias. Trabalhamos com diferentes oficinas, rodas de conversa e sessões de acompanhamento terapêutico fora dos consultórios do SPA. O famoso "cada caso é um caso" nunca foi tão ratificado como nessa experiência.

Muitas mulheres que atendemos têm, por exemplo, dificuldades de deixar seus filhos com alguém por não terem rede de apoio, um atravessamento que se desdobra na frequência ao atendimento. A equipe, então, criava dispositivos para acolher essas crianças para que o atendimento ocorresse. Os encontros que aconteciam de forma remota também eram afetados por falta de recursos, como boa internet, pacote de dados suficiente etc., levando-nos a alternar atendimentos com e sem imagem de vídeo. Nossa aposta maior é no vínculo, na confiança que se instaura quando as pessoas atendidas percebem nosso interesse, disponibilidade e presença.

A clínica gestáltica nos permite recriar as fronteiras dessa prática, considerando tanto a aposta no vínculo quanto os ajustes criativos que emergem *da* e *na* situação. Ao atuarmos com o fenômeno da migração e do refúgio, levamos em conta a experiência de sofrimento, assim como os arranjos possíveis criados a fim de suportar perdas e mudanças tão drásticas. E esses arranjos também se desdobram em nossas práticas nesse estágio, tornando o encontro possível:

Abrir um espaço onde a escuta e a livre expressão sejam as protagonistas desse processo pode criar condições para a reconfiguração dessa experiência. Acolher, reconhecer e validar a vivência das pessoas em situação de refúgio cria um caminho para o conhecimento dessa realidade e a possibilidade de a compreendermos a partir de seus protagonistas. (Quadros, Oliveira e Schaefer, 2022, p. 130)

A Gestalt-terapia tem como um de seus conceitos mais originais o ajustamento criativo. Tal conceito tem uma peculiaridade fundamental, pois não se refere a uma mera adaptação. Para Beatriz Cardella (2014, p. 114), "ajustar-se criativamente é a capacidade de pessoalizar, subjetivar e se apropriar das experiências que acontecem no encontro com a alteridade, processo contínuo no campo organismo/meio". Essa dimensão de deixar uma "marca pessoal" nos processos vividos é muito presente tanto em nós, terapeutas que atuamos com pessoas em situação de migração e refúgio, quanto nos próprios protagonistas desses processos. Não há protocolos ou padrões, mas sim experiências que vão contornando os encontros. Um termo que não conseguimos traduzir, uma informação que precisamos fornecer, uma música ou um lugar que somos levadas a conhecer, tudo isso faz uma clínica em movimento. E o projeto vai, então, assumindo novas nuances.

Quando o projeto começou, o público atendido era bem diverso. Porém, de 2020 até o presente momento, grande parte do público atendido por nós é composto de mulheres que, por diversos motivos, precisaram deixar seu país de origem, trazendo consigo sua cultura, suas questões e suas tradições. São mulheres de diferentes faixas etárias e realidades: jovens, mães solo, avós, casadas, casadas querendo a separação. Têm em comum certa solidão e sentimentos de desamparo. A experiência da pandemia tornou esse aspecto mais acentuado, o que nos levou a uma experiência inédita: os grupos e rodas no espaço virtual.

Em 2021, realizamos oficinas com mulheres na modalidade remota. Tais oficinas nos levaram à compreensão de que as mulheres recebem como herança as tradições de um povo, e essa herança nos constitui, uma vez que podemos transformá-la, mas não nos desfazer dela. Portanto, apoiadas na proposição teórico-metodológica da abordagem gestáltica, compreendemos que acolher e reconhecer a potência dessas mulheres, a partir do que cada uma delas traz de seu país de origem, torna-se fundamental.

Partindo desse tema tão instigante e atual, voltamo-nos para essas mulheres que atravessam as experiências de refúgio colhendo narrativas que as lancem mais além dos estigmas e estereotipias, trabalhando a tríade herança-pertencimento-acolhimento como legitimação e integração de experiências femininas na nova realidade. Vale destacar que os temas eram eleitos por elas e versavam sobre o que é ser mulher no Brasil, sobre violência, tristezas, luto, autocuidado, e sobre as pequenas forças para a vida.

Nas oficinas, em que também usamos recursos audiovisuais, a palavra era livre, bem como a possibilidade de expressar sentimentos e estabelecer trocas de experiências. Mantivemos, em média, uma participação de 15 mulheres de idades e nacionalidades diferentes, e elas aproveitaram a proposta, reconhecendo o acolhimento e a validação de suas angústias. Os temas reverberavam e, por vezes, elas nos encaminhavam fotos de seus trabalhos, músicas ou poemas, como uma partilha estendida de afetos. Ressaltamos que, para nós, tem sido uma oportunidade ímpar desenvolver um conhecimento e uma prática num campo essencial, importante e urgente como é a migração e o refúgio. As estagiárias se empenham, vivenciam uma diversidade cultural e uma clínica que se faz no possível e nas possibilidades. Nossa expectativa é multiplicar esse trabalho, ampliar o interesse por essa temática tão atual.

CONSIDERAÇÕES FINAIS: O DEVIR ANDARILHO

Experiência estrangeira, passos gestálticos, psicologia andarilha. Os termos escolhidos para nomear este texto apontam para a parceria movimento-estranhamento, parceria essa que compõe a construção e a realização deste projeto. Atuar com pessoas em situação de migração e/ou refúgio tem reconfigurado a vivência delas como refugiadas, assim como a nossa vivência como psicólogas clínicas em constante construção e formação, interagindo com outras e diversas formas de viver. Nesse sentido, a escuta sensível foi permitindo o diálogo, e nossos corpos foram convocados a estar presentes na potência do encontro, marcado pelo respeito e pela mutualidade. Vale ressaltar que não é nossa intenção traçar nenhum modo de *especialismo* para essa clínica. Fazemos da clínica uma artesania na qual cada processo é feito à mão, tecido com cuidado, paciência e delicadeza (Quadros, 2021). E, na concretude das diferenças, isso é uma marca importante, principalmente, no fazer gestáltico.

Jean Clark Juliano (1999) em sua icônica obra *A arte de restaurar histórias*, nos traz, talvez não por acaso, a metáfora do cliente como viajante:

A tarefa do terapeuta é acolher o cliente, com tudo que este traz de tenebroso ou sublime, deixando-o depositar no chão sua bagagem, que se tornou pesada de tanto ser carregada às costas. À medida que desenvolvem o calor da intimidade e a confiança, o viajante recém-chegado se dispõe a abrir seus pacotes, mostrando então seus conteúdos e compartilhando histórias de viagem, dos lugares longínquos de onde foram trazidos os objetos que hoje, malgrado o peso a ser carregado, constituem sua atual riqueza e patrimônio. (Juliano, 1999, p. 21)

Nessa clínica com pessoas em situação de refúgio, tal metáfora cabe perfeitamente. Convocar os sentidos, afinar o sentir, dispor-se ao movimento, nos desloca para um devir andarilho, lembrando-nos que o fazer gestáltico é marcado pela inquietude, mas também nos permite apreciar infinitas belezas.

Como nos diz Luedj Luna (2017), somos um corpo no mundo. O mundo nem sempre é um lugar acolhedor; porém, nesses pequenos espaços de pausa, de expressão e de respiro, ele se expande e nos permite perceber o novo ao nosso redor. Retomando a definição de andarilho como "aquele que anda muito, percorre muitas terras ou anda de forma erradia", sigo andarilha por muitas terras, mas parando para olhar, tocar, degustar, cheirar e, sobretudo, escutar, uma (con)vocação gestáltica.

REFERÊNCIAS

ACNUR — Agência da ONU para Refugiados. "Deslocamento global atinge novo recorde e reforça tendência de crescimento da última década". *UNHCR ACNUR Agência da ONU para Refugiados*, 15 jun. 2022. Disponível em: <https://www.acnur.org/portugues/2022/06/15/acnur-deslocamento-global-atinge-novo-recorde-e-reforca-tendencia-de-crescimento-da-ultima-decada/>. Acesso em: 15 jan. 2023.

BELKAÏD, N.; GUERRAOUI, Z. "La transmission culturelle: Le regard de la psychologie interculturelle". *Empan*, v. 51, n. 3, p. 124-8, 2003.

BRUM, E. "Prefácio". In: NOAL, D. (org.). *O humano do mundo — Diário de uma psicóloga sem fronteiras*. São Paulo: Astral, 2017.

CARDELLA, B. H. P. "Ajustamento criativo e a hierarquia de valores ou necessidades". In: FRAZÃO, L. M.; FUKUMITSU, K. O. (orgs.). *Gestalt-terapia — Conceitos fundamentais*. São Paulo: Summus, 2014.

DANTAS, S. "Saúde mental, interculturalidade e imigração". *Revista USP*, São Paulo, n. 114, p. 55-70, 2017.

D'ACRI, G. "Contato: funções, fases e ciclo de contato". In: FRAZÃO, L. M.; FUKUMITSU, K. O. (orgs.). *Gestalt-terapia — Conceitos fundamentais*. São Paulo: Summus, 2014.

ANDARILHO. In: *Dicionário Eletrônico Houaiss da Língua Portuguesa*. Rio de Janeiro: Objetiva, 2008. Disponível em: <https://houaiss.uol.com.br/corporativo/apps/uol_www/v6-1/html/index.php#0>. Acesso em: 19 dez. 2023.

HELOU, F. *Frederick Perls, vida e obra — Em busca da Gestalt-terapia*. São Paulo: Summus, 2015.

JULIANO, J. C. *A arte de restaurar histórias*. São Paulo: Summus, 1999.

_____. "Gestalt-terapia: revisitando as nossas histórias". *Revista IGT na Rede*, Rio de Janeiro, v. 1, n. 1, p. 1-16, 2004. Disponível em: <http://www.igt.psc.br/revistas/R1/gtrnh.htm>. Acesso em: 28 maio 2023.

LUNA, L. "Um corpo no mundo". In: *Um corpo no mundo*. São Paulo: YB Music, 2017. Disponível em: <https://www.youtube.com/watch?v=V-G7LC6QzTA>. Acesso em: 15 jan. 2023.

NASCIMENTO, M. "Nos bailes da vida". In: *Aos amigos*. São Paulo: ZAN, 2014. Disponível em: <https://www.youtube.com/watch?v=laVg1KIdVnY>. Acesso em: 6 fev. 2023.

NATHAN, T. [Entrevista concedida a Fernando Eichenberg.] "Não há mais imigrações de ruptura". *Fernando Eichenberg*, 5 ago. 2018. Disponível em: <https://fernandoeichenberg.com/tobie-nathan-nao-ha-mais-imigracoes-de-ruptura/>. Acesso em: 1 fev. 2023.

NOAL, D. *O humano do mundo — Diário de uma psicóloga sem fronteiras*. São Paulo: Astral, 2017.

OLIVEIRA, W. A. *Vidas migrantes — Rastros, relatos e travessias psicossociais na cidade do Rio de Janeiro*. 156f. Dissertação (mestrado em Psicologia Social) — Programa de Pós-graduação em Psicologia Social, Universidade do Estado do Rio de Janeiro, Rio de Janeiro, 2019.

PERLS, F. *A abordagem gestáltica e testemunha ocular da terapia*. Rio de Janeiro: Zahar, 1981.

PERLS, F.; Hefferline, R.; Goodman, P. *Gestalt-terapia*. São Paulo: Summus, 1997.

PESSOA, F. *Odes de Ricardo Reis — Obra poética III*. Porto Alegre: L&PM, 2006.

POLSTER, E.; POLSTER, M. *Gestalt-terapia integrada*. São Paulo: Summus, 2001.

QUADROS, L. C. T. *A construção artesanal do fazer clínico na psicologia — Percursos, fios e desafios de tornar-se terapeuta*. Rio de Janeiro: EdUERJ, 2021.

QUADROS, L. C. T.; OLIVEIRA, N. V.; SCHAEFER, G. N. R. "Vidas em movimento e deslocamentos da clínica: experiências e práticas gestálticas com pessoas em situação de refúgio". *Pretextos — Revista da Graduação em Psicologia da PUC Minas*, Minas Gerais, v. 6, n. 12, p. 129-43, 2022.

4
Pessoas em situação de rua e a Gestalt-terapia: reflexões sobre o atendimento a essa população

GIZELE DA COSTA CERQUEIRA

Estava de um lado para o outro. Em meio a tantas interferências *da* e *na* vida e de uma gripe que acometeu quase todos em minha cidade, carregava o *notebook* na esperança de me encontrar e receber inspiração. Adiei mais uma vez o início desta escrita. Deitei-me na cama do escritório e, aconchegada pelas almofadas, adormeci. O lençol chegou pelas mãos do meu companheiro. Quando acordei, pensei: "eu estava sem lugar". É bem possível que muitos de nós já tenhamos nos sentido "sem lugar". Quantas situações e acontecimentos nos levaram a um sentimento de que não pertencemos, ainda que por um instante? E ainda é possível que alguns de nós tenhamos saído de casa a esmo buscando a rua como lugar de respiro. A rua, bem ali, atrás da porta de nossa casa ou na frente do edifício em que moramos, nos oferecendo, por meio de sua infinitude de caminhos, abrigo.

Agradeço ao Universo pela inquietação de meu corpo, pelo sono profundo e reparador. A inquietação, sensação por vezes desagradável, colocou-me organismicamente a dormir, mobilizando-me posteriormente a escrever — um fluxo que me posiciona no platô das pessoas em situação de rua.

E se, naquele momento, decidíssemos não voltar mais para nossa casa ou apartamento? E se não voltássemos mais para o lugar de outrora? Como construiríamos um novo lugar?

Sinta. Imagine. Perceba.

Convido você a passear por estas meras reflexões a respeito do cuidado às pessoas em situação de rua à luz da Gestalt-terapia.

O convite para escrever estas linhas se deu devido a minha trajetória em saúde mental acompanhando pessoas que sofrem com o abuso e a dependência de álcool e outras drogas e atendendo pessoas em situação de rua. Trabalho na área de álcool e outras drogas desde meu estágio em Psicologia, no Rio de Janeiro, em 2001. Em 1998, havia me mudado para Imperatriz, no Maranhão, onde ajudei a iniciar o processo da reforma psiquiátrica. Em 2008, inauguramos o Centro de Atenção Psicossocial Álcool e Outras Drogas Girassol (Caps ad Girassol), do qual fui coordenadora por três anos e, posteriormente, psicóloga. Durante esse período, nossa equipe participou de uma seleção de projetos do Ministério da Saúde para a implantação do Consultório de Rua, e fomos selecionados. A partir daí, o trabalho com pessoas em situação de rua se intensificou.

Tendo apresentado sucintamente meu envolvimento com o tema, agora me sinto à vontade para discorrer sobre o cuidado às pessoas em situação de rua articulado com a Gestalt-terapia.

Para compreendermos a população em situação de rua, vamos, neste momento, nos ater ao *Relatório do I Encontro*

Nacional sobre População em Situação de Rua, realizado pelo Ministério do Desenvolvimento Social e Combate à Fome (Brasil, 2006, p. 7). Esse documento compreende a população em situação de rua como um grupo populacional caracterizado por uma diversidade de pessoas com diferentes realidades, mas homogêneo no que concerne a pobreza absoluta, interrupção ou fragilização de vínculos e ausência de moradia convencional regular, o que as leva ao uso da rua como lugar de moradia e sustento temporário ou permanentemente.

Esse mesmo relatório traz informações importantes no que tange à realidade de quem vive em situação de rua. As histórias dessas pessoas são marcadas por perdas, exclusões e desqualificações, culpas e uso de álcool. A desqualificação social é uma das faces do processo de exclusão ao interferir na qualidade das relações, o que aumenta o risco de a pessoa se fechar em si mesma e perder suas referências.

Segundo Paugam (1999 *apud* Brasil, 2006), a culpa faz que o sentimento de fracasso e a baixa autoestima se intensifiquem. Porém, tal culpa é resultado de uma visão reducionista da realidade, pois quando não se identificam questões estruturais (como o desemprego) ou não se compreende o alcoolismo como doença, as situações são sentidas e vivenciadas pelas pessoas como incompetência individual.

Com o objetivo de traçarmos melhor o perfil dessa população, trago alguns dados do *Sumário Executivo da Pesquisa Nacional sobre a População em Situação de Rua* (Brasil, 2008). A pesquisa foi composta por pessoas de ambos os sexos a partir de 18 anos e contemplou 71 cidades brasileiras. Quanto às características socioeconômicas, a maioria da população em situação de rua é masculina (82%). Mais da metade (53%)

das pessoas adultas tem idade entre 25 e 44 anos. Quase 40% se declararam pardas. No que tange à renda, a maioria recebia entre R$ 20,00 e R$ 80,00 semanais. Já com relação à formação escolar, 74% dos entrevistados sabiam ler e escrever, 17,1% não sabiam escrever e 8,3% apenas assinavam o próprio nome. Noventa e cinco por cento das pessoas não estudavam e somente 3,8% dos entrevistados faziam algum curso (2,1%, ensino formal e 1,7%, profissionalizante).

A ida para as ruas tem como principais motivos: os problemas relacionados ao consumo de álcool ou outras drogas (35%); o desemprego (29,8%); e problemas relacionados a pais e irmãos (29,1%). É importante ressaltar que 71,3% apontaram pelo menos um desses três motivos, os quais têm grande chance de serem entrelaçados.

No que diz respeito à trajetória e ao deslocamento realizados por eles, 45,8% sempre moraram no município em que foram entrevistados. Alguns vieram de municípios localizados no mesmo estado da moradia atual e 72% de áreas urbanas, o que nos diz que a migração não é ostensiva. Das pessoas pesquisadas, 48,4% moravam na rua ou em albergues havia mais de dois anos; 69,6% costumavam dormir na rua; outros alternavam. Indicando-nos sobre vínculos familiares e com o trabalho, 51,9% das pessoas entrevistadas tinham algum parente na cidade em que moravam, mas 38,9% não mantinham contato com seus parentes e 14,5% mantinham contato esporádico, que podia ser a cada dois meses ou até uma vez por ano. Já 34,3% das pessoas em situação de rua mantinham contatos mais frequentes, fossem diários, semanais ou mensais. Ao contrário do imaginário social, 70,9% dessas pessoas trabalham. São trabalhos formais ou informais em que se destacam as seguintes atividades: catador de materiais recicláveis (27,5%), flanelinha (14,1%), construção civil (6,3%), limpeza (4,2%) e carregador/estivador (3,1%). Somente para 15,7% das pessoas pedir dinheiro é sua forma principal de garantir a sobrevivência.

É claro que cada região tem suas especificidades, mas o *Sumário Executivo* oferece uma visão generalizada da vida dessas pessoas. Esses dados são fundamentais para o nosso trabalho, pois nos permitem derrubar mitos e preconceitos. E, ao trabalharmos nas ruas, as pessoas em situação de rua deixam de ser invisíveis para nós — passamos a enxergá-las com maior qualidade de contato.

A invisibilidade social está relacionada às crenças estigmatizantes que forjam indiferença em relação a grupos sociais específicos, reforçando a sua exclusão. É um termo bastante conhecido e utilizado para que compreendamos como essa atitude de indiferença se dá (Soares e Athayde, 2005 *apud* Nery Filho, Valério e Monteiro, 2011, p. 13).

As pessoas em situação de rua fazem parte desses grupos sociais. Concordo plenamente quando os autores dizem que, embora saibamos de sua existência, elas são sentidas como se fossem pessoas "sem rosto", sem identidade, sem narrativas sobre a própria vida; e, assim, são chamadas de moradoras de rua como se esse fato as tomasse pelo todo. Mas são adultos, crianças, mulheres, homens, com diferentes idades, origens e motivos. São pessoas singulares. Uma pluralidade inexistente para quem não se dispõe a se aproximar. A eles, são negados cidadania, direitos, saúde, trabalho, educação. A população em situação de rua sofre muitos estigmas. Sempre há uma expectativa de que sejam "vagabundos", "mendigos" ou "pedintes". São marcados pelos estigmas da marginalidade, da criminalidade e da miserabilidade e tratados de forma assistencialista, ou com indiferença e hostilidade, alimentando a roda da exclusão (Soares e Athayde, 2005 *apud* Nery Filho, Valério e Monteiro, 2011).

Além disso, o *Relatório* já citado diz que os problemas relacionados ao consumo de álcool ou de outras drogas são ponto de preocupação e certamente estão, de alguma forma, atrelados a questões familiares, mostrando-nos a fragilidade dos afetos.

Ao olharmos as praças e ruas, elas nos mostram pessoas em situação de rua e normalmente fechamos os olhos. É isso que fazemos todos os dias. É muito difícil olhar e enxergar a nós mesmos, a nossa humanidade, reconhecendo a precariedade e as mazelas sociais em que vivemos. Mas, se olharmos com atenção, ampliando nossa fronteira de contato, veremos nas ruas a formação de novos sentidos. O mundo em que as pessoas em situação de rua viviam perdeu o sentido. Em algum momento, houve uma ruptura, ainda que socioeconômica. Mas há uma insistência na vida. E é isso que nos importa enquanto profissionais de saúde.

Quando o nosso mundo perde o sentido, levamos um tempo para construir um novo, e sentimos e vivemos como se *nós* não fizéssemos sentido. Não podemos cair no engodo de romantizar a vida na rua, fechando os olhos para as doenças, os motivos e os perigos que as pessoas em situação de rua vivem. Essas particularidades nos fazem refletir sobre o processo saúde-doença. Faz parte da vivência delas. E é o melhor que elas puderam fazer. Estão em processo de adaptação a uma nova realidade. Explanando sobre o ajustamento criativo disfuncional, Schillings (2014) diz que, em situações de emergência, necessitamos organizar uma defesa e, para isso, criamos comportamentos de proteção. Se a emergência persiste, o comportamento de proteção também persistirá. As pessoas em situação de rua estão em emergência diariamente. É bem possível que estivessem em emergência antes de ir para as ruas e que, estando nas ruas, novas emergências surjam; por esse motivo, é importante refletir sobre a prática do Gestalt-terapeuta.

ARTICULAÇÕES COM A GESTALT-TERAPIA E A PRÁTICA DO GESTALT-TERAPEUTA COM PESSOAS EM SITUAÇÕES DE RUA

Nas ruas, nós, profissionais de saúde, somos os estrangeiros da história. Chegamos com nossa bagagem de textos, teorias e vivências. Mas me parece que pouca bagagem é o caminho mais promissor. No mínimo, dar uma chacoalhada na mala para sabermos o que faz sentido levar e em qual ritmo caminharemos. Assim, com pouca bagagem e com nossa intencionalidade, com nosso movimento de ir ao encontro atribuindo-lhe sentido, criamos uma nova linha de cuidado com as pessoas em situação de rua, já que elas têm um cuidado próprio. Quando entramos em campo, interferimos no ambiente, passamos a fazer parte dele e do processo de cuidado, sendo mais um dentre outros. O nosso cuidado é o efeito da nossa interferência no campo. Adentra-se o campo para que o cuidado emerja. É uma peculiaridade do trabalho.

Pensar sobre essa peculiaridade é o nosso desafio. Como nós, Gestalt-terapeutas, nos inserimos nesse contexto? O que aprendemos ao atender essas pessoas?

Quando eu era aluna da Faculdade de Psicologia da Universidade Federal do Rio de Janeiro, me encantei com as disciplinas humanistas e existenciais. E a Gestalt-terapia me chamou a atenção por sua característica de diálogo com diversos saberes. Como uma abordagem conseguia tamanha façanha? Era fascinante para mim. Mal eu sabia que seria acompanhada por ela até hoje e que ela me levaria a tantos mundos. Todo o cuidado, respeito e contato comigo e com o outro que a Gestalt-terapia ensina se enraíza em meu trabalho como psicoterapeuta e também como profissional em saúde mental no campo da saúde coletiva.

Cardella (2002, p. 33) fala sobre as fontes múltiplas da Gestalt-terapia. A autora afirma que "a Gestalt-terapia foi construída por uma série de influências teóricas e filosóficas que se constituem num todo coerente, mas em constante transformação, já que não possui um corpo teórico pronto, hermético e acabado".

Therese Tellegen (1984, p. 25-42), em seu livro *Gestalt e grupos — Uma perspectiva sistêmica*, destina um capítulo à origem e ao desenvolvimento da Gestalt-terapia. Nesse capítulo, ela descreve Perls, sua vida e obra, e suas fontes de influência — a psicanálise, a análise de caráter de Reich, a psicologia da Gestalt, a teoria organísmica de Goldstein, a fenomenologia, o existencialismo e o pensamento oriental —, nos advertindo a respeito da falta de bases conceituais claras e nos animando quanto à riqueza do processo de construção da Gestalt-terapia justamente por vê-la como uma obra inacabada e fragmentária.

Saber que a Gestalt-terapia é uma abordagem psicológica que, em sua constituição, é um dialogar com diversos saberes me encoraja como profissional e me encoraja a escrever. Fazer parte de um corpo teórico em que há uma vastidão de criação, invenção, ética e liberdade é encantador.

Dando vida aos números do *Relatório*, trago cenas de minha memória quando trabalhava no Caps ad Girassol e no Consultório de Rua, e memórias mais recentes de quando eu ia praticamente todos os fins de semana na Praça de Fátima degustar hambúrgueres ou beiju recheado com carne de sol. A Praça de Fátima, em Imperatriz (MA), é um lugar de bastante movimento por conta de seus quiosques e da Catedral Nossa Senhora de Fátima. Todas as quartas-feiras, tem feira de manhã, com diversas barraquinhas de verduras, legumes e roupas. À noite, os quiosques. Seja de manhã, de tarde ou de noite, encontramos pessoas em situação de rua. Alguns rostos, um pouco mais cuidados; outros, menos. Vestimentas maltrapilhas são a maioria. Homens e mulheres alcoolizados, entorpecidos em seus corpos cambaleantes. Também vemos pessoas em situação de rua trabalhando. Vendendo bijuterias, guardando carros. Outros dormem, tantos outros brigam. E há outros que cantam. Há aqueles que visivelmente têm transtornos mentais. Uns namoram, fazem amizades. Outros compartilham seu alimento com o cachorrinho de estimação. Cada um ali com sua história de vida.

Lembro-me muito bem que quando fui entrevistar João (nome fictício) nessa mesma praça, para minha dissertação de mestrado, apareceu um jovem muito bem vestido e ficou do meu lado, ouvindo tudo que eu perguntava e que estava sendo gravado. Minha experiência no campo me deu o suporte necessário para que eu ficasse atenta. Como o entrevistado não me sinalizou nada, nem corporalmente nem verbalmente, mantive minha entrevista. Mas fiquei imaginando quem seria o tal rapaz. Cheguei à conclusão de que não saber era melhor. Esse entrevistado me marcou muito por duas atitudes que ele teve. A primeira, de querer pegar o gravador. Ele me pediu e, por um tempo, ficou com aquele minigravador nas mãos. Nunca tinha visto nada igual. Sua voz fraquinha saindo dali foi uma grata surpresa para ele. A segunda atitude foi o seu olhar para o balão de uma criança, que voou. Era um olhar terno, seguindo o andar da criança e o balão se perdendo. Fez menção de pegá-lo, mas seu corpo era frágil, lento, ainda com marcas de feridas, que a equipe do Consultório na Rua tratou. Eu, vendo-o daquele jeito, senti meu coração doer. E trago esse sentimento tão forte que, agora, ao escrever sobre ele, sinto-o novamente. Puro contato. *Havia ternura nas ruas.* Aquele corpo na praça, frágil, ganhava importantes linhas de singularidade para mim. Não que eu não soubesse ou o contato não tivesse acontecido antes com outras pessoas em situação de rua. Como eu disse, eu já trabalhava nesta área. Mas houve algo de especial para mim naquele encontro. Aquela ternura me marcou profundamente. E confesso que estou chorando e escrevendo durante esta rememoração. Preciso de um tempinho para continuar. Espere um pouquinho, caro leitor, por favor.

*

Passados quase 15 minutos, estou aqui novamente em condições de escrever. Alguns encontros no campo são encontros Eu-Tu. São mesmo. Podemos ser surpreendidos por uma afetividade que, falo de mim, não imaginava que poderia ter.

A abordagem dialógica de Buber é cara para a Gestalt-terapia contemporânea. Os desbloqueios, o crescimento e as mudanças se dão nessa relação fértil construída entre o terapeuta e a pessoa atendida. Construímo-nos enquanto humanos ao par de nossas relações. E, nestas, o diálogo vai se dando de modo que a pessoa se sente acolhida, compreendida, criando caminhos mais saudáveis para si.

As palavras-princípio eu-tu e eu-isso equivalem aos modos de ser-no-mundo, a como nos relacionamos. Elas não são contrárias, mas complementares. É a palavra-princípio eu-tu que fala do encontro propriamente dito. Para Buber (1974, p. 30), a relação engloba o encontro e o que acontece aqui e agora. O que se dá no entre do encontro alcança ambos. Nesse encontro com João, fui pega pela surpresa de sentir que uma pessoa em tamanha vulnerabilidade teria essa sensibilidade. Estar no campo com regularidade é uma experiência única.

Os Consultórios na Rua exercem um papel fundamental no processo de cuidado em saúde dessas pessoas.

Hoje acordei às 6 da manhã com a frase da música *Nos bailes da vida*, de Milton Nascimento, "Todo artista tem de ir aonde o povo está". É o organismo em sintonia com o campo. O trabalho dos profissionais do Consultório *de* ou *na* Rua é "ir aonde o povo está". Somos os artistas das mais diversas profissões — alguns de nós, Gestalt-terapeutas —, em busca das pessoas em situação de rua. O Consultório de Rua era um projeto que integrava a pasta da Saúde Mental do Ministério da Saúde até que, a partir de 2011, alguns deles se tornaram Consultório na Rua (CnR), um programa que integra a pasta da Atenção Básica. Este é entendido como uma estratégia instituída pela Política Nacional de Atenção Básica com a intenção de ampliar o acesso das pessoas em situação de rua aos serviços de saúde, promovendo saúde integral. São equipes multiprofissionais que atuam de forma itinerante e em parceria com diversos dispositivos, tanto da saúde quanto da área social. Os profissionais que fazem parte da equipe podem ser: enfermeiro, psicólogo, assistente social, terapeuta ocupacional, agente social, técnico ou auxiliar de enfermagem, técnico em saúde bucal, cirurgião-dentista, profissional ou professor de educação física, ou profissional com formação em arte e educação. O arranjo dos profissionais depende da modalidade em que a equipe se encontra (Brasil, 2022).

Em geral, nós, psicólogos, estamos acostumados a trabalhar num determinado *setting* terapêutico que tem nosso jeito, nosso modo, nossas cores, já que, normalmente, o espaço é decorado por nós mesmos, com objetos que, por vezes, têm suas estórias, são escolhidos a dedo. Quando estamos num programa público, isso nem sempre acontece. Depende muito da construção do diálogo entre a equipe e os gestores e da forma como estes assimilam nosso trabalho. Mas já nesse momento trabalhamos em equipe: com outros psicólogos, com outros profissionais de saúde, numa construção de rede com outras instituições. É comum que o espaço seja de todos. E, com sorte, deixamos esse espaço com a cara da equipe.

Mas, quando estamos na rua, não temos *setting* terapêutico definido. Perdemos totalmente a referência. Simplesmente estamos no campo do outro. Deixamos de lado nosso espaço, nosso saber num *setting* de previsibilidade e controle para adentrar um *setting* aberto, com fronteiras sinuosas, finas, em que precisamos fazer parte. Atuamos na clínica ampliada. Minha experiência como Gestalt-terapeuta nesse campo corrobora com Brito (2015, p. 165) quando ele discorre sobre a importância de, na clínica ampliada, se levar em conta em nossa atuação os aspectos psíquicos, econômicos, sociais, espirituais e políticos. Tratando-se da especificidade do cuidado às pessoas em situação de rua, estamos inseridos na realidade das pessoas que atendemos, em seu território, em seu cotidiano. Então vemos os conflitos nus e crus. Assistimos aos programas sexuais na boleia de um caminhão e, ao seu término, tentamos traçar uma conversa. Assistimos as rodas de *crack* com certa distância, na esperança de que alguém mais sóbrio nos dê uma oportunidade. Vemos a busca de uma garrafa de bebida alcóolica no lixo da praça. Assistimos a tentativa de ganhar um trocado para uma alimentação melhor, uma bebida melhor, ou um bom banho caso alguém permita.

Fazemos parte do cuidado do organismo/ambiente. Estamos ali com os comerciantes do entorno, com pessoas que exercem outros trabalhos e, por vezes, nos auxiliam em nosso ofício. É a eles que recorremos inicialmente para desenhar, mapear o território a fim de que possamos nos aproximar. Eles nos falam dos movimentos das pessoas e muitas vezes cuidam delas, guardando seus colchões, por exemplo. Cuidamos das pessoas na sombra de uma árvore, sentados em um banco ou no chão. Marcamos uma data para levar a pessoa a uma Unidade Básica de Saúde ou outro dispositivo.

Para que tudo isso ocorra, precisamos conhecer o território e nos inserir nele, criando um novo campo organismo/ambiente — um campo composto por nossa presença em uma relação dialógica que se faz na permeabilidade da fronteira de contato com o território e na fronteira de contato com a singularidade. Um campo em que nós, as pessoas que atendemos e o meio somos um; em que há uma totalidade de forças que se influenciam, umas às outras, formando um todo unificado e interativo (Yontef, 1993 *apud* Rodrigues, 2013, p. 143). O campo é compreendido como o próprio acontecimento (Latner, 1983 *apud* Rodrigues, 2013, p. 143).

Essa compreensão é de suma importância no cuidado às pessoas em situação de rua, tamanha a imprevisibilidade da potência do que está por vir. Estamos lidando com *Gestalten* inacabadas, ou seja, necessidades não atendidas. Neste caso, estamos lidando com pessoas em sofrimento psíquico e em vulnerabilidade social; há uma necessidade de ressignificação de sua existência no mundo, ao mesmo tempo que as necessidades básicas para uma condição de vida saudável estão comprometidas. Precisamos ser capazes de encontrar linhas de saúde nesse contexto biopsicossocial/espiritual. Conforme Perls, Hefferline e Goodman (1997, p. 43), o organismo/ambiente humano não se restringe ao físico. Ele é também social. E nossas intervenções se dão em todas essas instâncias humanas, desde o olhar acompanhado do silêncio até a ida a um dispositivo de cuidado.

Assim, para que haja uma intervenção no processo saúde-doença das pessoas em situação de rua é preciso que sejamos guiados pelas funções de contato: visão, olfato, paladar, audição e tato. Elas nos colocam e nos indicam o caminho que iremos percorrer nesse trajeto do contato à intervenção. É preciso que entendamos o contatar e a *awareness*. Aproximar-se, rejeitar, evitar, perceber, sentir, manipular comunicar, lutar — dentre outros — são contato. São relações que se dão na fronteira, na interação organismo/ambiente, por meio de nossos sentidos. Precisamos seguir as pistas, encontrar aquilo que emerge, aquilo que vibra, para estarmos em processo; e são os nossos sentidos que nos permitem experimentar e estar em processo e em fluxo contínuo de *awareness*.

A *awareness* não está relacionada à nossa consciência mental e sim a uma consciência organísmica que Alvim (2014, p. 13) denomina "saber da experiência". A Gestalt-terapia entende a existência assumindo a interação entre o ser e o mundo, em que experimentamos e estamos presentes. A *awareness* é esse fluxo do aqui e agora que nos direciona à formação de *Gestalten*, as quais são sentidas no encontro que experimentamos com as pessoas em situação de rua. Eis como vamos atuar: vivenciando o contato com eles, que nos dará condição e suporte para interagir e intervir. Nosso organismo precisa estar permeável, aberto às novidades que, juntos, iremos produzir. É nessa fronteira de contato entre nós, as pessoas e tudo mais que compõe o campo que se darão as possibilidades. Precisamos estar atentos à fronteira de contato do encontro. Estamos em busca de um encontro pleno, e nem temos a certeza de que as pessoas estarão lá nos próximos encontros — pelo menos não aquela certeza a que estamos acostumados no consultório. Aqui, o que Erving e Miriam Polster (1979, p. 37-9) compartilham conosco a respeito da experiência de interação e inclusão do terapeuta no encontro é extremamente necessário e apropriado. O fato de nos colocarmos na relação envolvendo-nos com as pessoas que atendemos ampara o que já há de vivido no cliente, ao mesmo tempo que cria espaço para novas experiências. Criamos novos acontecimentos em que ambos podemos crescer. Novos acontecimentos nos encontros na rua é o que tanto queremos. São eles que, pouco a pouco, se transformam em experiências que darão sentido à mudança para o cuidado. Precisamos confiar em nossa liberdade e responsabilidade de ser e agir.

A fronteira de contato nos delimita. Gosto muito dessa palavra para falar sobre isso. É que ela soa para mim o eu, o outro, o meio e o que acontece no entre. Como estamos em constante interação, nos diferenciarmos é condição básica para nossas relações. E o ambiente precisa assimilar a nossa diferença. "É na fronteira que os perigos são rejeitados, os obstáculos são superados e o assimilável é selecionado e apropriado." (Perls, Hefferline e Goodman, 1997, p. 44). Portanto, a fronteira de contato é permeável, protegendo-nos, diferenciando-nos, e assimilando o novo. Nesse sentido, pensando em nossa relação com as pessoas em situação de rua, somos a novidade não esperada. As pessoas em situação de rua não esperam uma equipe de saúde com certa permanência em seu território. Muitas vezes, quando chegamos, somos até rechaçados, embora tenha havido toda uma organização e estudo anterior.

Lembro-me de certa ida a campo na época em que trabalhei no Consultório de Rua em que eles jogaram pedras em nossa van, apesar de todo o trabalho de reconhecimento de território. Não éramos uma novidade assimilável naquele momento. É que eles desconfiaram de nós. Estranharam alguém querer saber deles. Acreditaram que os levaríamos à força para algum outro lugar. E nós sabemos que isso poderia acontecer. Então, levou um tempinho para que nos aceitassem, para que fôssemos assimilados por eles e para que nós também os assimilássemos como uma novidade. Há uma relação de mutualidade entre o organismo e o meio (Tellegen, 1984, p. 44). Se há sofrimento, adoecimento e vulnerabilidade, em uma relação de mutualidade também haverá saúde e cuidado.

Um de nossos atributos enquanto profissionais da saúde é, nessa fronteira, gerarmos experiências saudáveis, cuidadoras, potentes e nutritivas para que o cuidado consigo seja experimentado e a relação com o ambiente também seja saudável. Trago a noção de neurose de Perls (1988, p. 45) para elucidarmos esse tipo de experiência. Não estou dizendo que todas as pessoas em situação de rua são neuróticas e não é meu objetivo aqui diagnosticar. É apenas uma aproximação na tentativa de compreender o processo saúde-doença que observamos nas ruas. Se a neurose ocorre a partir da incapacidade humana de encontrar e manter um equilíbrio saudável entre o homem e o restante do mundo, e se o neurótico é o ser em quem a sociedade exerceu uma ação exagerada, cabe a nós sermos as companhias que constroem, junto às pessoas e a partir delas, experiências que possam dar novos sentidos ao mundo, ora sentido como um mundo esmagador do qual era necessário proteger-se, ainda que essa proteção não seja, aos nossos olhos, o melhor caminho.

Como já vimos, são muitos os motivos que levam pessoas em situação de rua a viver na rua. Muito sofrimento. Cardella (2020, p. 98), em seu texto "Cuidado às pessoas em sofrimento e possibilidades de ressignificação", traz uma reflexão a respeito do sofrimento e do cuidado. Ela ensina que, ao compreendermos e nos apropriarmos do paradoxo do sofrimento, humanizamos nossa clínica e oferecemos um caminho de ressignificação no percurso terapêutico e na vida de nossos pacientes. Também afirma que o ser humano é precário e, ao mesmo tempo, criativo e aberto ao sentido. E esse olhar nos é muito caro no cuidado em saúde das pessoas em situação de rua. O sofrimento está ali, nas estórias do vivido, selado nos corpos, no andar, no olhar, acompanhado de muita criação para viver em situação tão precária — quase que esperando que a fronteira de nossos encontros gere as experiências que vão transformar a potência das dores em pedras preciosas de sentido do agora. Ao mesmo tempo, precisamos validar o cuidado que elas mesmas dedicam a si. Nosso olhar não pode ser obscurecido pela dor, pela sujeira, pelas doenças que a situação de rua apresenta a ponto de não sabermos identificar os processos saudáveis que elas próprias constroem. Nada tem um único viés. Afirmo isso porque nós, como Gestalt-terapeutas, sabemos que o processo saúde-doença é um *continuum*; que o ajustamento criativo, essa capacidade que temos de nos ajustarmos à situação que vivenciamos sem nos conformar, sem negar nossa história — ao contrário, nos apropriando dela com responsabilidade, abrindo-nos à novidade e ao crescimento —, não se dá de forma linear. E que a vida não é linear. Estamos sujeitos, como todos, a nos impactar com os modos de viver na rua e corremos o risco de não enxergar os processos de saúde em meio a tanta precariedade. Estamos produzindo encontro, e este não se restringe a uma mudança; também confirma, presentifica, acolhe e acompanha.

Não. Não esperem as mudanças que todos almejam: as ruas limpas, sem um morador de rua. Desejamos que eles tenham melhores condições de vida, claro. Mas o nosso é um trabalho tão meticuloso que nos alegramos com pequenos fios de alegria. A alegria do cuidado que esse mesmo corpo selado exprime por meio de um sorriso ou de uma conversa permeada de remédios, preservativos, outro insumo qualquer que levamos para eles, ou apenas nossa presença.

Aprendemos, nesse trabalho, que os insumos abrem as portas para o diálogo. Eles se interessam por remédios, água, biscoitos. Enquanto entregamos os insumos, como se fossem um ingresso para nossa entrada, as conversas vão surgindo. Conversas longas, em que eles falam de sua vida, contam suas histórias. E o vínculo terapêutico vai se construindo, e nós vamos aparecendo como pessoas naquele cenário. Nas ocasiões em que não temos os insumos, percebemos claramente que já fazemos parte das ruas. É que, nesse fazer, tomamos a dimensão de que somos nosso próprio instrumento.

Tudo que sentimos e pensamos nessa relação de interação com as pessoas e o campo são elementos que nos guiam e elementos de intervenção. Não precisamos nos furtar de nossas emoções, de nossas lágrimas, ao acompanhar a precariedade das pessoas em situação de rua. Não precisamos esconder a surpresa ou o desejo de que elas estivessem num modo mais saudável. Também não precisamos dizer tudo que sentimos ou que nos vem à mente. Ao contrário, a centralidade de nossa experiência é o que sustentará nossas idas a campo. Eis nossa responsabilidade, nossa ética. Seguir nosso fluxo não é ir sem analisar as consequências possíveis. Essa análise é organísmica. Imaginemos o processo de cuidado em saúde de João, o nosso cliente lá da Praça de Fátima. João era quieto e tinha um corpo que precisava de cuidados. Quando os profissionais do Consultório na Rua optaram por estar com ele em sua quietude por vários dias, sentindo o que poderiam dizer ou não, sentindo se deveriam falar em determinado momento ou não, estavam construindo um vínculo. Para permitir que tocassem em seu corpo, que tratassem de suas feridas, João precisou sentir que era compreendido por eles. Precisou sentir que eles estavam fazendo todo o possível para estar presentes (Hycner, 1995, p. 113-4).

Lembremos que estamos em uma realidade à qual as pessoas chegaram e talvez ainda estejam sem lugar. Para sustentar a insistência na vida, não podemos agir de modo automático nem estar amarrados a uma técnica ou a uma mera entrega de pomada. Nosso corpo, nossa voz, nosso silêncio, nosso olhar, nossos insumos estão compondo nossa presença — uma presença qualificada, em que nosso *self* está a serviço do crescimento de João. É nosso propósito nos entregarmos ao processo de existir a fim de interferirmos de forma saudável e nutritiva no cuidado às pessoas. Vamos inteiros — e eternamente incompletos — para esse encontro intencionalmente direcionado ao outro, mantendo-nos, ao mesmo tempo, ligados a nós mesmos. Como afirma Hycner (1995, p. 114), a presença é difícil de ser descrita, mas é sabida intuitivamente por nós quando a experienciamos.

Ser presente no trabalho com pessoas em situação de rua é uma grande oportunidade de crescimento. Aqui nossos valores entram em xeque, nossa visão de mundo é afetada pelos diversos modos de ser e pelas escolhas feitas por elas. O mundo dos profissionais de saúde também se desmancha. Conforme adentramos o campo, nossos antigos sentidos vêm à baila. Muitas vezes nos deparamos com pessoas que têm família, mas preferem morar nas ruas. E ouso dizer que essas escolhas chocam num primeiro momento. Recordo-me que, no início de nosso trabalho em Imperatriz, ficávamos tentando entender, nas reuniões de equipe, como morar na rua era melhor que morar em casa com os parentes. E ficávamos angustiados por querer tirá-los das ruas. Para nós, que lutamos todos os dias para comprar ou manter nossa casa, para comprar coisas que desejamos, para estudar, viajar... foi muito difícil aceitar um modo de ser-no-mundo tão diferente do nosso. Mas não cabia aqui julgamento, muito menos encaixá-los no nosso modo. Amarras, força bruta, retiradas como as que vemos vez por outra na TV não faziam sentido algum. Cabia apenas suspendermos nossa visão de mundo para adentrarmos o mundo do outro. Não é tarefa fácil suspender nossa visão, nossas verdades, para que a verdade do outro emerja; nos aproximarmos do modo de existir que vai de encontro a quase tudo que construímos para nós mesmos. É como se os próprios atendimentos nos impelissem a uma relação dialógica. Se não estivéssemos ali, de pessoa a pessoa, nosso aparato técnico, nossos insumos, não valeriam de muita coisa. Entraríamos na onda da instrumentalização (Domanico, 2006, p. 91), uma prática fadada à entrega de insumos, minimizando a dimensão política de luta por direitos humanos e cidadania. E, acrescento, perderíamos toda possibilidade de ampliação de contato. Não precisamos disso.

Nossa presença pode ser uma possibilidade ímpar de contato em meio a tanta adversidade vivida, na medida em que valoriza o singular, o campo construído, as relações existentes.

O campo é vastíssimo. Repleto de necessidades, dores, sonhos e afetos. Seguir as pistas junto às pessoas em situação de rua rumo ao cuidado em saúde é compreender organismicamente que o caminho é delas e concomitantemente construído por nossos encontros; é compreender que, para esse propósito, precisamos estar afinados com nossos sentidos; que nesses encontros podemos virar de ponta-cabeça tamanha potência de possibilidades, e que nem sempre nossos desejos e sonhos serão alcançados. Desse modo, aprendemos a nos alegrar com fios de alegria.

As pessoas em situação de rua constroem laços; têm amores, amizades, animais de estimação. Podemos fazer parte da construção desse novo lugar se nos dispusermos a acompanhar essa peculiar insistência na vida.

REFERÊNCIAS

Alvim, M. B. "Awareness: experiência e saber da experiência". In: Frazão, L. M.; Fukumitsu, K. O. (orgs.) *Gestalt-terapia — Conceitos fundamentais*. São Paulo: Summus, 2014.

Brasil. "Consultório na Rua". *Ministério da Saúde*, 2022. Disponível em: <https://www.gov.br/saude/pt-br/composicao/saps/consultorio-na-rua/>. Acesso em: 16 dez. 2022.

_____. *Relatório do I Encontro Nacional sobre População em Situação de Rua*. Brasília: Ministério do Desenvolvimento Social e Combate à Fome, Secretaria de Avaliação e Gestão da Informação, Secretaria Nacional de Assistência Social, 2006.

_____. *Sumário Executivo: Pesquisa Nacional sobre a População em Situação de Rua*. Brasília: Ministério do Desenvolvimento Social e Combate à Fome, Secretaria de Avaliação e Gestão da Informação, Secretaria Nacional de Assistência Social, 2008.

Brito, M. A. Q. "Gestalt-terapia na clínica ampliada". In: Frazão, L. M.; Fukumitsu, K. O. (orgs.). *A clínica, a relação psicoterapêutica e o manejo em Gestalt-terapia*. São Paulo: Summus, 2015.

Buber, M. *Eu e Tu*. São Paulo: Centauro, 1974.

Cardella, B. H. P. *A construção do psicoterapeuta — Uma abordagem gestáltica*. São Paulo: Summus, 2002.

_____. "Cuidado às pessoas em sofrimento e possiblidades de ressignificação". In: Frazão, L. M.; Fukumitsu, K. O. (orgs.). *Enfrentando crises e fechando Gestalten*. São Paulo: Summus, 2020.

Domanico, A. "Craqueiros e cracados: bem-vindo ao mundo dos noias". *Estudo sobre a implementação de estratégias de Redução de Danos para usuários de crack nos cinco projetos-piloto do Brasil*. 232f. Tese (doutorado em Ciências Sociais) — Faculdade de Filosofia e Ciências Humanas, Universidade Federal da Bahia, Salvador, 2006.

HYCNER, R. *De pessoa a pessoa*. São Paulo: Summus, 1995.

NASCIMENTO, M. "Nos bailes da vida". In: *Aos amigos*. São Paulo: ZAN, 2014. Disponível em: <https://www.youtube.com/watch?v=laVg1KIdVnY>. Acesso em: 6 fev. 2023.

NERY FILHO, A.; VALÉRIO, A. L. R.; MONTEIRO, L. F. (orgs.). *Guia do projeto consultório de rua*. Brasília: Senad; Salvador: Cetad, 2011.

PERLS, F. *A abordagem gestáltica e testemunha ocular da terapia*. Rio de Janeiro: LTC, 1988.

PERLS, F.; HEFFERLINE, R.; GOODMAN, Paul. *Gestalt-terapia*. São Paulo: Summus, 1997.

POLSTER, E.; POLSTER, M. *Gestalt-terapia integrada*. Belo Horizonte: Interlivros, 1979.

RODRIGUES, H. E. "Relações entre a teoria de campo de Kurt Lewin e a Gestalt-terapia." In: FRAZÃO, L. M.; FUKUMITSU, K. O. (orgs.). *Gestalt-terapia — Fundamentos epistemológicos e influências filosóficas*. São Paulo: Summus, 2013.

SCHILLINGS, A. "Concepção de neurose em Gestalt-terapia". In: FRAZÃO, L. M.; FUKUMITSU, K. O. (orgs.). *Gestalt-terapia — Conceitos fundamentais*. São Paulo: Summus, 2014.

TELLEGEN, T. A. *Gestalt e grupos — Uma perspectiva sistêmica*. São Paulo: Summus, 1984.

5.
Gestalt-terapia e redução de danos: aproximações para o cuidado de pessoas que usam drogas

WELISON DE LIMA SOUSA

Neste texto, pretendemos tratar da Gestalt-terapia e suas possibilidades de articulação com a redução de danos, apontando para os elementos de aproximação destas duas perspectivas em suas dimensões clínicas, éticas e políticas. Partimos de uma discussão teórica, mas também da minha experiência como redutor de danos nas diferentes clínicas em que atuo e atuei, seja no consultório particular, seja no consultório na rua, serviço público de saúde vinculado à atenção básica que atua de forma itinerante, garantindo atendimento integral a pessoas em situação de rua.

Em ambos os espaços, a clínica se faz presente, e, nela, a Gestalt-terapia e a redução de danos (RD) são norteadoras da proposta clínica que acredito e defendo, em especial diante de pessoas que fazem uso de drogas. A redução de danos se apresenta como uma ética do cuidado, proposta essa que muito dialoga com a proposição ética trazida pela Gestalt--terapia. Em tempos de tantos retrocessos que tentam impedir e desestruturar as conquistas alcançadas pela reforma psiquiátrica, é urgente e fundamental fazermos enfrentamentos políticos. Acredito ser fundamental ampliarmos esse diálogo entre a redução de danos e a Gestalt-terapia, consolidando a dimensão política e clínica de ambas as perspectivas, em defesa da vida e da garantia de direitos.

A redução de danos não é algo novo. No entanto, temos poucas discussões sobre esse assunto no âmbito da Gestalt-terapia, de modo que cabe contextualizar de forma breve o surgimento da RD como prática voltada para pessoas que fazem uso de drogas.

A RD tem seu marco inicial na década de 1920 na Inglaterra, com a publicação do Relatório Rolleston, indicando que a melhor forma de tratar pacientes dependentes de opiáceos era que as drogas fossem administradas por um médico, que prescreveria e monitoraria o uso. Assim, mesmo consumindo drogas, esses usuários poderiam diminuir as consequências mais danosas e os efeitos prejudiciais à saúde (Santos, Soares e Campos, 2010).

Em 1980, foi fundada em Amsterdã a Junkiebond, uma associação de usuários de drogas injetáveis, com o objetivo de melhorar as condições de vida desses usuários. Preocupada com a disseminação da hepatite B entre os usuários de injetáveis, a Junkiebond iniciou, em 1984, um projeto experimental de troca de agulhas e seringas usadas por novas (PTS), uma iniciativa apoiada pelo governo. Inspirados nessa experiência, outros PTS começaram a surgir pelo mundo. Essa parte é importante, pois mostra como a RD é uma estratégia de cuidado que, desde o seu nascimento, parte do coletivo, dos próprios usuários, e essa é uma das características principais para pensarmos propostas de RD. Desse modo, a RD agrega uma série de ações em defesa da vida, visando a redução dos riscos e danos sociais, econômicos e à saúde, tendo como ápice do seu reconhecimento os resultados exitosos frente ao controle da epidemia mundial de HIV/aids (Surjus, Formigoni e Gouveia (2018).

Lindner e Siqueira (2016) afirmam que o avanço da aids no final da década de 1980 exigiu a implementação de ações inovadoras visando ao seu controle, em especial porque a transmissão já não se dava apenas sexualmente, mas também de outras formas, como a infecção pelo uso de drogas injetáveis. Nesse contexto e com essa preocupação, a cidade de Santos (SP), no Brasil, por meio da Secretaria de Saúde e da Coordenação do Programa Municipal de DST/Aids, inicia ações de fornecimento e troca de seringas, vindo a ser o berço brasileiro da redução de danos.

Segundo os autores, essas ações, embora eficazes — resultando na diminuição das taxas de HIV/aids na região —, geraram uma série de preconceitos que até hoje acompanham as discussões sobre redução de danos. Um deles é o argumento de que a RD incentiva o uso de drogas. A apologia promovida pela RD é ao cuidado. Percebe-se, com essa história, que a RD, desde os seus primórdios, desloca o foco das substâncias e valoriza as pessoas como elemento principal na saúde pública, na qualidade de vida e na garantia de direitos.

As práticas de RD são "ações que visam minimizar riscos e danos de natureza biológica, psicossocial e econômica provocados ou secundários ao uso/abuso de drogas sem necessariamente requerer a redução de consumo de tais substâncias" (Andrade, 2014, p. 87). Essa definição é simples, mas traz diferentes impactos quando pensamos nossa prática clínica e de cuidado. Diversas práticas foram sendo consolidadas como redutoras de danos. Dentre elas, podemos citar: a troca de seringas usadas por novas; o uso de hipoclorito de sódio para limpeza de agulhas e seringas usadas; as ações de agentes comunitários ou redutores de danos com informações e orientações sobre saúde e autocuidado; as salas de tolerância (espaços onde as pessoas podem usar drogas com cuidados de prevenção); as terapias de substituição de uma droga por outra que tenha menos consequências negativas para a saúde, a partir da experiência do usuário e da relação estabelecida com a droga; a prescrição da própria droga de consumo em serviços públicos de forma gratuita, o que evitaria a intermediação do tráfico e todas as consequências danosas que este traz no contexto do proibicionismo.

Essas são ações muitas vezes tidas como distantes de nós, mas temos ações bem próximas também: a campanha "Se beber, não dirija", com a lógica de autogestão do "motorista da vez", na qual o grupo delibera que quem não bebeu/beberá é que pode/irá dirigir; as medidas de segurança do consumo de bebidas alcoólicas com teores mais baixos de álcool; e até mesmo o cinto de segurança nos automóveis são bons exemplos de RD, cujo objetivo é a minimização de riscos e a preservação da vida.

Ainda segundo Andrade (2014), tais ações se orientam por três princípios básicos, articulados e complementares entre si: o pragmatismo, a tolerância e a diversidade. O pragmatismo está relacionado ao fato de que, na RD, o objetivo é sempre claro: a preservação da vida das pessoas. Por exemplo, na busca por prevenir a infecção pelo HIV e outras doenças

Diversidade, violência, sofrimento e inclusão em Gestalt-terapia

transmissíveis entre usuários de drogas injetáveis, pensa-se na provisão de equipamentos estéreis de injeção. A tolerância consiste no respeito ao indivíduo em seu direito às drogas de consumo, evitando todo tipo de julgamento para com o usuário e seu uso. E, por fim, a diversidade envolve e inclui as diferentes práticas da RD em função das múltiplas possibilidades entre as populações de usuários, os diversos recursos técnicos possíveis e disponíveis, e também as diferentes drogas e seus modos de usar por parte dessas populações.

Cabe salientar que, tendo sido proposta inicialmente no contexto de prevenção ao HIV entre usuários de drogas injetáveis, a RD foi se consolidando como estratégia de produção de saúde alternativa à lógica da abstinência, incluindo a diversidade de demandas das pessoas que usam drogas e ampliando ofertas em saúde para essa população (Passos e Souza, 2011). Com isso, podemos afirmar que temos uma articulação entre pragmática e política, uma vez que a melhor forma de prevenir é ampliar acesso a direitos. Para isso, devemos derrubar todas as barreiras impostas pelo paradigma da abstinência. Esse paradigma coloca a abstinência como a única alternativa para o cuidado a pessoas que usam drogas, direcionando uma questão de saúde para os campos jurídico, psiquiátrico e religioso, que veem o usuário de drogas como delinquente e/ou criminoso, como louco e/ou sujeito sem moral.

A abstinência como imposição e única possibilidade leva à exclusão e ao afastamento das pessoas que não querem ou não conseguem parar de usar drogas, produzindo, ainda, violação de direitos ao impor um pré-requisito para que o sujeito acesse serviços de saúde. É isso que temos chamado de proibicionismo. Para Fiore (2012), proibicionismo seria o modo como o Estado entende e atua diante de determinadas drogas, ao mesmo tempo que modula o entendimento sobre elas, culminando em limites arbitrários para o uso de drogas legais/positivas e ilegais/negativas. O proibicionismo, para Fiore (2012), tem duas premissas fundamentais. São elas: primeira, o uso dessas drogas é prescindível e intrinsecamente danoso, logo, não podem ser permitidas; segunda, a melhor forma de o Estado lidar com o uso de drogas é perseguindo e punindo produtores, vendedores e consumidores.

E, nisso, cabe pensarmos sobre os efeitos do proibicionismo nas nossas práticas clínicas, ou seja, nos modos de oferecer cuidado e acolhimento a pessoas que usam drogas. Tedesco e Souza (2009) afirmam que, partindo de uma perspectiva proibicionista na clínica, de imediato produzimos a criminalização do usuário, considerando que ele cometeu um erro ao usar drogas. Essa perspectiva se revelará como um obstáculo para a produção de vínculo e, portanto, para o andamento do processo. No mais, a busca pelo consumo zero como princípio norteador da prática clínica, ou seja, a tomada da abstinência como única direção de tratamento é exatamente a efetivação do proibicionismo na clínica.

Isso deve nos fazer questionar muitas coisas; dentre elas, as perspectivas ou práticas que colocam o estado de abstinência como condição necessária para o início e a manutenção do tratamento e do processo de cuidado — em outras palavras, a pessoa precisaria já estar em abstinência para acessar o atendimento ou serviço. Que sentido isso tem além de exclusão, criminalização e culpabilização? E qual seria o papel dessa clínica, se não o de fomentar a culpa e a condição de insuficiência desse sujeito que não consegue parar de usar drogas?

Ainda seguindo as discussões de Tedesco e Souza (2009), precisamos questionar o papel da imposição da abstinência como única alternativa e meta *a priori*. Essa imposição tem produzido medo do julgamento (moral), acarretando em desconfiança e tentativa constante de fuga. Afinal, a clínica seria mais um espaço de aprisionamento e imposição do que de cuidado. O nosso fazer clínico é também um fazer político. Dirigir nosso foco única e exclusivamente para a abstinência é impor a idealização de uma sociedade livre das drogas. E caímos na armadilha de o foco no processo de cuidado ser a droga, que é tomada como ativa, perigosa e responsável por todos os males. Nesse cenário, quando alguém busca atendimento por questões relacionadas ao uso de drogas, se tomarmos a abstinência como meta *a priori*, teremos diversos preconceitos para com essa pessoa, sem nem mesmo ouvirmos sua história ou compreendermos sua relação com a droga e as funções que esta tem em sua vida.

Outro efeito do proibicionismo na clínica é a baixa busca espontânea e adesão ao tratamento. A procura normalmente acontece quando o processo já avançou demais, configurando uma situação crônica. Com frequência, a pessoa chega por meio (e/ou imposição) de terceiros (família, trabalho, escola). Nessas situações, que são as mais comuns, a busca espontânea desaparece, e, dada a gravidade dos casos e seu caráter compulsório, a possibilidade de vinculação com o processo diminui, reduzindo assim as possibilidades de êxito no cuidado. Isso também faz que terapeutas questionem a própria capacidade ou, ainda, os fundamentos epistemológicos e metodológicos de sua clínica, quando, na verdade, a questão é mais complexa.

Como vimos, a RD propõe práticas nas quais a droga não é o foco principal, e esse ainda é um desafio para nossas práticas clínicas com pessoas que usam drogas. Desse modo, a RD traz importantes problematizações sobre o uso de drogas, ampliando o campo de possibilidades clínicas, políticas e existenciais: por um lado, constitui-se como um método construído pelos próprios usuários, que são corresponsáveis pelo cuidado e pela produção de saúde (assim, reduzir danos é ampliar ofertas de cuidado em um cenário democrático e participativo); por outro lado, é uma estratégia clínica, tendo em vista suas ofertas concretas de acolhimento e cuidado para pessoas que usam drogas (Passos e Souza, 2011). Faz-se importante trazer a perspectiva de Mello (2018) de que a redução de danos se articula com a defesa da regulação de danos e com a potencialização dos prazeres.

É essa condição de desvio — e de convocação para a experimentação e a produção de vida —na busca por ampliar conexões, territórios e redes que faz da RD uma clínica, como afirma Lancetti (2008). Ao rejeitar a centralidade da droga, a RD nos coloca diante da compreensão do sujeito e de seu território existencial, o que, para Tedesco e Souza (2009), nos permite substituir os protocolos pela experimentação, base essencial do exercício clínico.

Essas considerações tomam maior potência quando articuladas com a Gestalt-terapia ao pensarmos em sua proposta clínica, ética e política, firmada exatamente na negação da aplicação de um modelo intrapsíquico e individualista, e apostarmos na cocriação de um campo no aqui e agora de cada encontro — afinal, é preciso dar dignidade e reconhecer as experiências de cada sujeito em sua singularidade (Francesetti, 2021).

O mesmo autor nos lembra de considerar a psicopatologia como o estudo das experiências nas quais não nos sentimos inteiramente livres, nas quais não podemos exercer nossas escolhas, e que dizem respeito a nos sentirmos vivos e em contato com o ambiente. Segundo Tedesco e Souza (2009), ao pensar sobre pessoas cuja relação com a droga é o aspecto predominante da vida, transformando-se em uma dificuldade para a construção de novos elos, o foco de intervenção deve ser a ampliação de relações, de experiências, de contato com o mundo. Essa é uma reinvindicação proposta pela Gestalt-terapia, com seu enfoque relacional e intersubjetivo (Perls; Hefferline; Goodman, 1997), no qual o sofrimento é sempre fenômeno de campo, que inclui aspectos existenciais do sujeito como ser-no--mundo e só pode ser entendido e cuidado como tal.

A Gestalt-terapia se define como uma abordagem fenomenológico-existencial e se compromete com o resgate da experiência de mundo e de pessoa, estando mais atenta à energia que domina a pessoa do que ao seu sintoma — e aqui podemos pensar no consumo de droga. Desse modo, como afirma Ribeiro (2022), a Gestalt-terapia se mostra comprometida com a temporalidade, a espacialidade, a liberdade e a responsabilidade.

Conforme Lancetti (2008), reduzir danos é ampliar. Essa ampliação se dá pelo maior grau de liberdade, de responsabilidade pela própria vida, num mundo com drogas e tantas outras possibilidades de prazer, de ser, de viver. O que se quer, com isso, é atrelar saúde à produção de múltiplas formas de viver, privilegiando a subjetividade e a capacidade de experimentar outras formas de conexão e diferentes modos de estar no mundo (Tedesco e Pecorato, 2016).

A RD se apresenta como alternativa ao paradigma da abstinência, mobilizando usuários, produzindo redes de cooperação e autonomia e afirmando o direito das pessoas sobre seus corpos e suas escolhas, não cabendo ao Estado interferir de modo definitivo e total sobre esses sujeitos (Surjus, Formigoni e Gouveia, 2018). É nesse sentido que, de acordo com Tedesco e Souza (2009), a RD se torna uma estratégia ampliada de clínica que tem ofertas concretas de acolhimento e cuidado para pessoas que usam drogas. Essa concretude pode ser pensada a partir dos princípios da psicoterapia propostos por Ribeiro (2022). Aqui, trago três, que podem nos ajudar nessa compreensão.

O primeiro princípio é o de que o cuidado requer sentimento e sensibilidade, mais que entendimento intelectual. Normalmente, as pessoas que vamos atender sabem mais sobre drogas do que nós. Cabe aprendermos sobre como se estabelece essa relação, como se dá esse uso, quais os sentidos e as particularidades dessa experiência, e isso demanda sensibilidade e escuta sensível, aspectos fundamentais para a RD.

O segundo princípio é o de que a vida deve ser entendida como um jogo contínuo de estabilidade e desequilíbrio no organismo. Essa compreensão nos ajuda a perceber que o uso de drogas não pode ser pensado como uma linha reta; inclusive, essa perspectiva é a do proibicionismo, que coloca o uso de drogas como incurável, progressivo e fatal. Esse pensamento é extremamente violento, pois acaba por condenar as pessoas, culpabilizando-as pelo seu sofrimento e não ofertando alternativas que não sejam de submissão e exclusão, o que, na maioria das vezes, produz violência e violação de direitos, como revela, no que diz respeito às comunidades terapêuticas,

Diversidade, violência, sofrimento e inclusão em Gestalt-terapia

uma pesquisa realizada em 2018 pelo Conselho Federal de Psicologia (CFP), pelo Mecanismo Nacional de Prevenção e Combate à Tortura (MNPCT) e pela Procuradoria Federal dos Direitos do Cidadão, do Ministério Público Federal. Nisso, devemos advogar em defesa da vida em seus movimentos, expandindo formas coletivas de existência.

O terceiro princípio é o de que a observação deve seguir a organização dos fatos e não os aspectos individuais de que são compostos. Essa reinvindicação também é feita pela RD ao descentralizar a droga, o que nos convoca a pensar o sujeito num contexto e nas possibilidades que ele tem de lazer, de entretenimento, de trabalho e renda, de redes de suporte e afeto. Somente assim, com um olhar ampliado, poderemos entender a relação do sujeito com seu mundo, de que maneira as drogas se tornaram figura fixada e que formas sustentam a manutenção do uso e a interrupção de outros processos de vida.

Diante de tudo isso, na clínica com pessoas que fazem uso de drogas, sempre estamos interessados em compreender como o sujeito emerge de uma situação, como se sente, como se encontra e entra em contato com os outros. Nosso foco deve ser o sujeito, pensado a partir de sua história, sempre encarnada e contextual, como proposto por Francesetti (2021) em sua psicopatologia fenomenológico-gestáltica. Essa compreensão nos auxilia a ser heterossuporte para que as pessoas possam efetivamente andar com as próprias pernas, conhecendo a si mesmas, acreditando em seu potencial e se apossando do que é delas (Andrade, 2014), de modo que possam desenvolver seu autossuporte e avançar na direção de um funcionamento autorregulador e integrado, com maiores possibilidades de escolha e liberdade em suas relações com o mundo, o que também passa pelo uso de drogas.

Ser heterossuporte é acompanhar, estar junto, construir espaço de escuta, de acolhimento, de modo a conseguir compreender a necessidade do outro e assim poder construir, juntos, alternativas para tal. Essa visão também dialoga bastante com as práticas de RD, que não são baseadas em generalizações ou protocolos. Entende-se que uma prática pode ser de redução de danos para uma pessoa num momento específico da vida dela e posteriormente pode não ser. Ou, ainda, que a mesma prática pode ser de redução de danos para uma pessoa e não para outra.

Um exemplo é a substituição de uma droga por outra em dado momento da vida do usuário. Muitas vezes, o *crack* é substituído pela maconha, pois se considera que esta traz menos efeitos paranoicos e ainda consegue diminuir a fissura do consumo de *crack*. Essa possibilidade de uso de maconha pode não ser redução de danos se a pessoa estiver em outro contexto, por exemplo, vinculado a um grupo religioso e com outras necessidades que não mais lidar com o consumo de *crack*. As práticas são sempre construídas por meio do diálogo e da negociação, considerando os desejos e as necessidades das pessoas envolvidas. A redução de danos é singular e não segue modelos.

Mesmo com a especificidade das estratégias diante de cada caso, podemos elencar algumas que são comuns e fazem parte do nosso cotidiano (ou seria importante que fizessem) e que são redutoras de danos: antes do uso, a pessoa deve observar o próprio estado de ânimo; perceber o ambiente e suas companhias, estando sempre em companhia de pessoas confiáveis e com condição de cuidar dela, caso precise; conhecer a procedência e a qualidade da droga que será consumida; conhecer os efeitos da droga que será usada e ir devagar nesse uso, observando os efeitos no corpo e os limites do corpo diante desse consumo; alimentar-se antes do uso; beber água (a hidratação sempre ajuda); dar um tempo entre um uso e outro (essa é, inclusive, uma estratégia importante para fomentar a noção de controle e liberdade de escolha, pela possibilidade de "espaçar" o tempo de uso); evitar a combinação de drogas, pois isso pode potencializar efeitos adversos.

Para Tedesco e Souza (2009), a RD elege como meta qualquer passo na direção do menor risco ou dano às pessoas em seus contextos de uso. Essa afirmação nos leva a sempre estar em movimento junto com quem acompanhamos, não estabelecendo metas *a priori*, mas acompanhando as necessidades e ritmos de cada pessoa e história, afirmando sua potência de vida e sendo suporte quando necessário.

As provocações feitas pela redução de danos encontram ressonância na Gestalt-terapia por meio da radicalização da perspectiva de campo que é proposta por Alvim (2017), segundo a qual, além de priorizar na clínica a experiência do aqui e agora, devemos nos implicar empaticamente e permitir, no campo do encontro (e/ou terapia), a experiência da diferença e da criação, e, nisso, buscar compreender a pessoa que encontramos em seu modo de existência em sua inserção no mundo, implicando e fazendo aparecer os elementos do campo que compõem a produção de seu sofrimento. E, ainda segundo a autora, é preciso ampliar as possibilidades de engajamento, gerando expansão e criação no exercício da singularidade e do direito à diferença.

Nesse sentido, devemos considerar que o uso de drogas é um fenômeno de campo e não pode ser entendido fora dessa perspectiva; deve ser pensado enquanto ajustamento criativo da relação organismo-ambiente. E, sobre esse aspecto, vale notar que: o uso de drogas sempre esteve presente na história da humanidade e tem papel importante na vida em sociedade; o quantitativo de pessoas que usam drogas é muito maior que o de pessoas que têm problemas por conta do uso; quando falamos de drogas, precisamos ampliar nossa compreensão sobre elas, tendo em vista que o uso prescrito de medicamentos tem aumentado drasticamente, sem nenhum questionamento, e isso ocorre porque a questão nunca foi ou é exatamente sobre as drogas; ao considerarmos diferentes compreensões para o uso de drogas, que não passam apenas pelo uso problemático, precisamos também criar outras estratégias de cuidado que não a abstinência; a abstinência pode ser uma possibilidade, e ela não é oposta à RD, desde que seja negociada e faça sentido, que não seja uma imposição.

Por fim, diante da importância da articulação entre RD e Gestalt-terapia, cabe afirmar a potência da clínica gestáltica que se faça redutora de danos. A compreensão *a priori* acerca do sentido e da forma de uso de uma pessoa é uma incoerência epistemológica (Tessaro e Ratto, 2017) ao tomarmos a Gestalt-terapia como norteadora de nossa compreensão de mundo e de nosso fazer clínico. Concordamos com a provocação de Tedesco e Souza (2009) de que clínica e política não se separam. Logo, devemos sempre nos questionar sobre qual política estamos afirmando quando adotamos determinada postura teórica. Qual política afirmamos ao adotar a Gestalt-terapia? Que pressupostos éticos e políticos defendemos e em que direção de sociedade estes nos levam? Ou, ainda, quais modos de ser e de viver estamos reivindicando no fazer clínico?

As implicações do uso de drogas transbordam as questões relacionadas à psicopatologia, e entendê-lo apenas nessa perspectiva é limitante e antiético. A quem serve o discurso sobre a "dependência química"? A dependência não é "química" — isso é um reducionismo, que responsabiliza a substância (o que não faz sentido, por sinal) e acaba por desviar o foco da desigualdade social e do racismo presentes na dita "guerra às drogas", que, no fim, é uma desculpa para o genocídio da população negra, pobre e periférica, bem como para as diversas arbitrariedades que são realizadas em nome do cuidado.

Não queremos, com isso, afirmar a inexistência de pessoas que fazem uso problemático das drogas. Buscamos reivindicar muito mais: a potência das diferentes formas de uso e relação com as drogas e a construção de outros olhares sobre o tema, para a criação de estratégias de cuidado centradas nos sujeitos, e não nas substâncias — estratégias que possam realmente produzir autonomia, protagonismo e mais capacidade de ser-no-mundo, com a fluidez e a capacidade criativa que só se alcançam em liberdade e com os direitos básicos de acesso a saúde, alimentação, segurança, lazer, trabalho e renda garantidos. Buscamos, também, questionar que sociedade é essa que faz uma pessoa se drogar ao ponto de já não sentir prazer, mesmo que inicialmente a busca tenha sido esta.

Todos esses questionamentos nos convocam a caminhos éticos, e não poderia ser diferente. A Gestalt-terapia deve assumir seu compromisso na construção de uma sociedade mais justa e igualitária, e isso passa diretamente por questionarmos o proibicionismo e o racismo presentes no debate sobre drogas. A redução de danos é uma aliada importante, que deve ser assimilada enquanto ferramenta e direcionamento básico na clínica gestáltica. Penso, ainda, que a Gestalt-terapia tem fundamentos epistemológicos consolidados capazes de fundamentar a prática da RD, como mostrado, ainda que parcialmente, nas discussões realizadas neste texto.

A Gestalt-terapia acolhe, não pune.

REFERÊNCIAS

ALVIM, M. B. "Transtorno bipolar, temporalidade e conexão com o outro: reflexões preliminares". In: FRAZÃO, L. M.; OKAJIMA, F. *Quadros clínicos disfuncionais e Gestalt-terapia*. São Paulo: Summus, 2017.

ANDRADE, C. C. "Autossuporte e heterossuporte". In: FRAZÃO, L. M.; OKAJIMA, F. *Gestalt-terapia — Conceitos fundamentais*. São Paulo: Summus, 2014.

CFP — Conselho Federal de Psicologia; Mecanismo Nacional de Prevenção e Combate à Tortura; Procuradoria Federal dos Direitos do Cidadão/Ministério Público Federal. *Relatório da Inspeção Nacional em Comunidades Terapêuticas — 2017*. Brasília: CFP, 2018. Disponível em: <https://site.cfp.org.br/wp-content/uploads/2018/06/Relatorio-da-inspecao-nacional-em-comunidades-terapeuticas_web.pdf.>. Acesso em: 2 jun. 2023.

FIORE, M. "O lugar do Estado na questão das drogas: o paradigma proibicionista e as alternativas". *Novos Estudos Cebrap*, v. 92, p. 9-21, mar. 2012.

FRANCESETTI, G. *Fundamentos da psicopatologia fenomenológico-gestáltica — Uma introdução leve*. Belo Horizonte: Artesã, 2021.

LANCETTI, A. *Clínica peripatética*. São Paulo: Hucitec, 2008.

LINDNER, L.; SIQUEIRA, D. "Redução de danos: como foi? O que é possível? O que é preciso?" In: SOUZA, A. C.; SOUZA, L. F.; SOUZA, E. O.; ABRAHÃO, A. L. (orgs.). *Entre pedras e fissuras — A construção da atenção psicossocial de usuários de drogas no Brasil*. São Paulo: Hucitec, 2016.

MELLO, R. P. *Cuidar? De quem? De quê? — A ética que nos conduz*. Curitiba: Appris, 2018.

NIEL, M.; SILVEIRA, D. X. (orgs.). *Drogas e redução de danos — Uma cartilha para profissionais de saúde*. São Paulo: Proad/Unifesp/Ministério da Saúde, 2008. Disponível em: <https://www.prefeitura.sp.gov.br/cidade/secretarias/upload/direitos_humanos/Cartilha%20para%20profissionais%20da%20saude.pdf.>. Acesso em: 2 jun. 2023.

PASSOS, E. H.; SOUZA, T. P. "Redução de danos e saúde pública: construções alternativas à política global de 'guerra às drogas'". *Psicologia & Sociedade*, v. 23, n. 1, p. 154-162, 2011.

PERLS, F.; HEFFERLINE, R.; GOODMAN, P. *Gestalt-terapia*. São Paulo: Summus, 1997.

RIBEIRO, J. P. *Gestalt-terapia — Por outros caminhos*. São Paulo: Summus, 2022.

SANTOS, V. E.; SOARES, C. B.; CAMPOS, C. M. S. "Redução de danos: análise das concepções que orientam as práticas no Brasil". *Physis: Revista de Saúde Coletiva*, v. 20, n. 3, p. 995-1015, 2010.

SURJUS, L. T. L. S; FORMIGONI, M. L.; GOUVEIA, F. (orgs.). *Redução de danos — Conceitos e práticas*. São Paulo: Unifesp, 2018.

TEDESCO, S. H.; SOUZA, T. P. "Territórios da clínica: redução de danos e os novos percursos éticos para a clínica das drogas". In: CARVALHO, S. R.; FERIGATO, S.; BARROS e BARROS, E. (orgs.). *Conexões — Saúde coletiva e políticas de subjetividade*. São Paulo: Hucitec, 2009.

TEDESCO, S.; PECORATO, L. "O conceito de normatividade e a perspectiva da redução de danos: uma proposta para atenção à saúde do usuário de drogas". In: SOUZA, A. C.; SOUZA, L. F.; SOUZA, E. O.; ABRAHÃO, A. L. (orgs.). *Entre pedras e fissuras — A construção da atenção psicossocial de usuários de drogas no Brasil*. São Paulo: Hucitec, 2016.

TESSARO, L. G. S.; RATTO, C. G. "Dependência química e Gestalt-terapia: aproximações possíveis". In: FRAZÃO, L. M.; OKAJIMA, F. *Quadros clínicos disfuncionais e Gestalt-terapia*. São Paulo: Summus, 2017.

6.
Radicalizar o encontro clínico: compromisso ético e político de uma Gestalt-terapia racializada

LIVIA ARRELIAS

> [...] *ser radical é ir à raiz da questão,*
> *e a questão da humanidade é o próprio ser.*
> Mestre Joelson Ferreira, *Por terra e território*

A proposta clínica da Gestalt-terapia requer a consideração de que o campo é fundo inquestionável para os episódios de contato, que se configuram dinamicamente no momento em que acontecem. Gary Yontef (2018) diz que estruturas humanas são processos rítmicos e que as forças do campo constituem as formas que o contato apresenta, em busca de equilíbrio do que se doa nos afetos. Isso pode parecer muito óbvio para quem está familiarizado com os aspectos filosóficos e epistemológicos da Gestalt-terapia. Mas, quando consideramos o campo mais a fundo, encontramos inconsistências em definições, caracterizações e descrições sócio históricas que, no momento atual, nos direcionam para a construção de novos caminhos e jeitos de cuidado.

Hoje, uma clínica que assume radicalmente o campo como fundo precisa reaprender a sentir, olhar, escutar, se fazer presença e descrever as estruturas que organizam as possibilidades do contatar, sob o risco de, na prática cotidiana, intervir de forma até mesmo antiética. Refiro-me à impossibilidade de estabelecer contato genuíno devido a uma fragilidade que constitui nossas compreensões de ser humano e de mundo, fundadas numa realidade e num momento histórico que impedem o reconhecimento das narrativas contra e anticoloniais (Longhini, 2022) que vêm sendo assumidas com cada vez mais intensidade e segurança por quem sempre teve suas existências negadas. A anticolonialidade e a contracolonialidade são formas de experienciar e organizar a vida cotidiana segundo referências culturais dos povos negros e indígenas, que, apesar das violências das colonialidades, insistem em viver suas vidas territorializadas, fora das imposições ocidentocêntricas ou amenizando-as. Nego Bispo (2015) fala sobre processos de transfluência e confluência por meio dos quais povos e populações quilombolas, indígenas, faveladas e de terreiros de matrizes africanas promovem vida digna e segura. Para as pessoas e grupos que têm a vida organizada a partir das violências coloniais, o processo de decolonialidade é fundamental.

Apossar-se de si, começar a narrar sua história com mais segurança, buscar e utilizar autorreferências são movimentos dinâmicos que adentram nosso sentir-pensar-fazer clínicos atuais, a partir da repotencialização de pessoas negras e indígenas a respeito de quem são, de suas culturas e histórias com narrativas que divergem das imposições coloniais. Cida Bento (2002), Beatriz Nascimento (União dos Coletivos Panafricanos, 2018) e Walter Ribeiro (1998) afirmam que ter um discurso seguro a respeito de si é elemento fundamental para que cada pessoa se constitua de maneira consistente e saudável num mundo dinâmico. A história pessoal — que envolve transgeracionalidade e ancestralidades, numa perspectiva negra e indígena — faz parte dessa construção, e precisa considerar como o campo, fundo comum de experiências, influencia esse processo de saber de si.

Neste texto, tomo raça como um marcador de existências que fundamenta e qualifica as formas como diversos outros marcadores especificam vivências pessoais em um mundo fundado e estruturado no racismo e na colonialidade. Raça nomeia binarismos e enquadra as vidas diversas em monoculturas desagregadoras, ao tentar, com base no modelo culturalmente branco, definir percursos pretensamente universais de pensar, ser e estar no mundo. E nossa clínica ensinada, aprendida, vivenciada não passa incólume a esse processo. A proposta, aqui, passa por compreender como as características raciais do campo — especificamente no Brasil — organizam o fundo para as possibilidades existenciais instituídas e como cada pessoa (re)age às experiências de contato, inclusive as pessoas brancas e as embranquecidas. Refletir sobre eles de forma categórica levanta, ainda, a questão de como esses marcadores se tornam fontes de manutenção de desigualdades e violências, dificultando ou impedindo o cuidado, considerando-se as especificidades das pessoas que coconstroem o campo clínico.

Do campo, sabe bem quem pertence a ele e vive nele, numa perspectiva de território. O pertencimento é construído na vida diária, coletiva, por gerações. Quem é de áreas urbanas economicamente privilegiadas sabe das periferias e ruralidades a partir de percepções muito afetas a colonialidades. Por outro lado, quem vem de zonas urbanas periféricas, de territórios tradicionais e de áreas rurais constrói saberes sobre a vida a partir de perspectivas contracoloniais e anticoloniais (Bispo, 2015 e Núñez, 2021). Essa origem territorializada informa especificidades do fundo atual compartilhado que constitui afetivamente o campo clínico.

Estudos sobre território ajudam a aprofundar nossas noções clínicas de campo por apresentar aspectos técnicos e teóricos imprescindíveis para a virada compreensiva que vem confrontando nossa clínica tradicional. Paula (2011, p. 116) afirma que nosso conhecimento de mundo se constrói a partir do encontro entre "uma estrutura de significados do sujeito e o horizonte material, os objetos, as coisas, as outras pessoas do mundo". Sendo assim, o que conhecemos do mundo, e como o conhecemos, tem como base nossas experiências vivenciais. Portanto, as maneiras como nos (in)disponibilizamos para o contato, clínico ou não, se referem a "elementos que se agregam para a compreensão dos fenômenos, para a compreensão da relação homem-espaço" (Paula, 2011, p. 116). Sendo o território amplamente relacionado com experiências de pertencimento, para a clínica ele se torna um termo conceitual que nos sustenta nos encontros psicoterapêuticos, ao descrevermos as configurações de contato das pessoas que acompanhamos e as formas que o campo clínico assume em cada encontro.

Em se tratando de aspectos clínicos da Gestalt-terapia, essas especificidades do campo caracterizam a relação terapêutica, que pode ser entendida como "uma relação que possibilite o restabelecimento e/ou o fortalecimento da *autoconfiança* e da *autoestima*, únicos indicadores confiáveis de saúde" (Ribeiro, 1998, p. 70, grifos do autor). Sendo assim, ao se negar tácita ou explicitamente a presença e a intensidade do racismo na configuração estrutural do campo, esses aspectos tendem a permanecer ausentes ou enfraquecidos, de acordo com o projeto de fundação do Brasil como nação coloniza-da, que nega, exotiza, invisibiliza a humanidade de pessoas negras e indígenas. Ao mesmo tempo, repensar essa concre-tude apolítica, a-histórica, neutra em suas práticas, acrítica da presença clínica de psicoterapeutas nos leva a confrontar a recusa explícita e historicamente reiterada do que tem sido instituído tradicionalmente em muitos espaços da psicologia. O modo colonial que funda o Brasil constrói a negação do re-conhecimento da existência de um eu e de um outro sob suas bases desiguais, desconsiderando os determinantes sociais e culturais dessas existências historicamente invizibilizadas. Não reconhecer seus atravessamentos no estabelecimento e na manutenção da relação terapêutica tem levado à continui-dade e ao fortalecimento dessas desigualdades e violências, dificultando os processos de cuidado a que a clínica psicoló-gica se propõe (Favero e Kveller, 2022).

E quando a relação psicoterapêutica é favorecedora da violência, da fuga de si, da necessidade excessiva de afeto? Quando essa relação, que se pretende cuidadora, se configura como assistencialista, de dependência, por se sustentar em um campo que polariza a dominação e desempodera pessoas que foram construídas como Outras e nesse lugar existencial são mantidas? Pensando a postura psicoterapêutica a partir des-ses aspectos, trago à tona formas tradicionais de construção da relação psicoterapêutica que negam a existência racial ex-plicitamente marcada de quem ocupa o lugar de profissional nesse processo. Como oferecer suporte clínico quando não se sabe — ou não se quer saber — quem se é, ao mesmo tempo que enquadra pessoas em diversas categorias que servem, em tese, apenas para quem é cliente/paciente?

Essas reflexões ecoam escritas indígenas e negras mundo afora. "O nosso fazer psicológico é atravessado pelas identidades que nos constroem", nos diz Itaynara Tuxá (2022, p. 26). A recusa e o abandono de epistemologias que já não nos alimentam mais — ideia de *Lomuku*, em tsonga, língua de povos do sul de Moçambique — é urgente (Ngoenha, 2019). Trata-se de um movimento de questionamentos daquilo que tem sido empurrado como verdades inquestionáveis sobre a psicologia e o fazer clínico, inclusive em Gestalt-terapia. Hoje, essas verdades se apresentam escancaradamente frágeis em sua pretensa universalização de definição e caracterização de mundo e de pessoa. Para Severino Ngoenha (2019, n. p), torna-se necessária a audácia de "fazer o luto do que já não é, mas também saber-se vivo e depositário de possíveis". Denúncia e anúncio presentes.

Essa mudança de referencial vem na esteira do processo de assumir uma ética que seja decolonial, inflexiva, uma ética da diferença. Este caminho ético é de um abandono radical de todo e qualquer processo histórico que localiza existências subjugadas em valores morais condizentes com as colonialidades. As relações que se estabelecem nesses parâmetros tendem a se caracterizar como monológicas, fetichistas, hierárquicas, excludentes — uma ética que se pauta em pensamentos e discursos universalizantes, assim significados com base em padrões que vulnerabilizam e estimulam desigualdades (Teixeira, 2019, 2021). Daí a importância de profissionais da psicologia também se demarcarem socialmente, a fim de que essas práticas violentas possam, mais do que atravessar, superar um discurso de afetações que escancara o saber de si para acompanhar quem nos solicita cuidados e acompanhamento. Mais do que oferecer escuta, precisamos estar disponíveis como presença inter-humana.

ENCRUZILHADA: TEMPO-ESPAÇO DE CRIAÇÃO E NOVIDADE

A encruzilhada é um lugar e momento existencial que indica a necessidade de mudança de caminho, ou mesmo da criação de outro jeito de caminhar. O movimento e a criatividade são fundamentais nesse processo. Para o ajustamento criativo no campo, a base teórica da Gestalt-terapia nos fornece a informação de que estruturas humanas e visões de mundo são processos funcionais, dinâmicos, intencionais, possuindo ritmo, continuidade, consistência interna (Yontef, 2018; Wollants, 2018), tendo a situação atual, concreta, como a organizadora de todo e qualquer movimento. Conforme Wollants (2018), é sempre a própria situação, e não a necessidade do indivíduo, que domina e organiza a figura e o fundo da experiência.

Explicitar uma oposição aos discursos clássicos é ampliar a descrição e a caracterização desse campo macro — sócio-histórico, racista e colonial — como fundo, desequilibrando as maneiras como as relações são coconstruídas, especificamente com o uso raça como descritor. E, aqui, não me refiro apenas ao aspecto fenotípico das racialidades. Incluo o aspecto cultural, que organiza, inclusive, as formas como o mundo se estrutura em termos simbólicos, ideológicos, afetivos e perceptivos e de sistematização das instituições e das relações aí estabelecidas e mantidas.

Fanon (1980, p. 39) diz que o racismo é "o elemento mais visível, mais cotidiano, mais grosseiro de uma estrutura dada. Estudar as relações entre o racismo e a cultura é levantar a questão da sua ação recíproca". Sendo o racismo um elemento cultural, o autor afirma que há, então, culturas com e sem racismo. Como envolve a construção de relações de dominação, o racismo existe em culturas em que essa prática é base fundante, com fins de destruir formas de existir que diferem daquelas da cultura dominadora. "Esse elemento cultural preciso não se enquistou. [...] Teve de se renovar, de se matizar, de mudar de fisionomia. Teve de sofrer a sorte do conjunto cultural que o informaria" (Fanon, 1980, p. 39), justamente para que pudesse permanecer vivo, atuante e mantenedor dos privilégios materiais e simbólicos que sustentam as desigualdades constituidoras da dominação racial.

Constantemente reinventado, racismo ora se apresenta como uma falsa condescendência à presença negra e indígena (nos aspectos fenotípico, estético, espiritual, intelectual, afetivo...) em ambientes e instituições criadas para culturas brancas hegemônicas e por elas geridas. Abrir as portas para a entrada de pessoas não brancas nesses espaços significa, ao mesmo tempo, retirar a força da narrativa proveniente dessas culturas específicas, tranquilizando a cultura dominadora de que seu lugar não será perturbado. Em resumo, o recado explícito e não diretamente verbalizado é: seja uma pessoa negra ou indígena, mas siga os parâmetros culturais brancos. A apropriação cultural de termos, expressões, conceitos e argumentos cunhados nas lutas seculares dos movimentos negros e indígenas se torna forma de suavizar o racismo, favorecendo a manutenção dos privilégios materiais e simbólicos de pessoas brancas, inclusive de pessoas brancas aliadas, quando se recusam a pensar sobre suas branquitudes.

Essas reinvenções das práticas do racismo produzem intersubjetividades que demarcam quem deve estar e permanecer nos lugares sociais de exclusão, vulnerabilidades e desigualdades diversas. Trata-se de artimanha tão bem arquitetada que não provoca "qualquer tipo de crise ética", justificando porque "o racial continua a constituir uma estratégia prolífica de poder, apesar de ser moralmente abominado (Silva, 2022, p. 51). Reconhecendo essa dinâmica de exclusão da vida social, podemos nos perguntar "como é possível — e por que — ideias tão básicas sobre o ser humano e suas relações ainda perambulam pelas estradas laterais da psicologia e da psicoterapia contemporâneas" (Ribeiro, 1998, p. 15).

Sendo a Gestalt-terapia uma abordagem clínica que se pretende política em suas ações cotidianas, o que lhe falta para, de fato, assumir categoricamente "o partido do humano e não das normas historicamente preestabelecidas"? (Ribeiro, 1998, p. 18). Talvez estejamos justamente no olho do furacão, com o desafio de construir um tipo de clínica implicada e politicamente engajada que, talvez, tanto desejamos.

Enquanto mantivermos as características fundamentais do campo sócio-histórico e político brasileiro fora do campo clínico, nossas intervenções seguirão por rumos que individualizam, internalizam, psicologizam, medicalizam as experiências de ser no mundo com as outras pessoas de quem acompanhamos. Definir explicitamente esses marcadores é fundamental — e, ao mesmo tempo, insuficiente, uma vez que as descrições teóricas são generalizantes — para indicar reflexões necessárias à construção de estratégias de cuidado, planejamento, gestão e aprofundamento das reflexões. Ultrapassar a descrição pura e simples requer movimentos responsáveis e responsivos de construir existências que entrem no rol de humanidade de onde nenhum ser vivo deveria ter sido excluído.

O diálogo é fator preponderante para a virada teórica, técnica, metodológica para a recuperação de uma clínica que seja radicalmente partidária de todas as humanidades e, acima de tudo, recuse os valores da colonialidade como formatadores dos encontros clínicos. Para Baba Sidnei Nogueira (2021, p.17),

> uma recusa ao diálogo, em nome dos estatutos individualistas, tem reforçado as bases de colonização e de expropriação da vida dos que são marcados e marcadas como os/as outros/as. Enquanto lógica, economia, política, norma e episteme de subordinação, a ideologia colonial mantém a distância como etiqueta político-social.

O campo coconstruido nos encontros relacionais nos informa sobre as capacidades e habilidades que cada pessoa estabelece no decorrer da vida. Em realidades estruturadas a partir de desigualdades e violências constantes e sistemáticas, clinicamente é necessário considerar "como, portanto, e mais uma vez, esse ser se ajustou, se organizou e se desenvolveu para sobreviver da melhor forma possível nessas circunstâncias frequentemente tão adversas?" (Ribeiro, 1998, p. 43).

Os conhecimentos tradicionais e ancestrais de culturas africanas e indígenas nos apresentam especificidades nos modos de cuidar, compreender e descrever, a partir do campo clínico, os jeitos como cada pessoa contata, mas a institucionalidade do racismo impede seu reconhecimento. O racismo é velado para quem o pratica, nunca para quem é alvo dele! Alimentado desde sempre com negações, silenciamentos e outras violências diversas, ele provoca, em suas vítimas, encolhimento, fuga de si, autoviolências, na tentativa de se sentirem aceitas em espaços comumente entendidos como não feitos para elas. Quando todas as alternativas falham, ou quando a pessoa não consegue mais sustentar tanta dor, as reações podem ser diversas. Enfrentamento, adoecimento severo e perda existencial são alguns efeitos psicossociais do racismo em pessoas negras e indígenas (CFP, 2017).

Medicalizar, psicologizar e psiquiatrizar significam, não raro, formas de desconsiderar o campo em suas caracterizações fundantes e acontecem em espaços clínicos que não reconhecem as especificidades da construção da raça nas configurações relacionais inter-humanas. Por outro lado, existe também um processo histórico e cultural de constituição de si, para essas pessoas racializadas, que segue sendo negado e, em outros casos, fragilizado, com fins de manutenção dos privilégios brancos. O banzo e a busca pelo bem-viver são expressões e estratégias de vida correntes nos grupos e locais de cuidado de grupos e populações tradicionais negras e indígenas.

A memória corpórea se alimenta *dos* e *nos* encontros cotidianos, intra e interpessoalmente. Aquilo que lemos e escutamos, os lugares que frequentamos, a cultura dos locais por onde circulamos, todo esse conjunto de experiências socioculturais nos envenena ou nos nutre, com muitas nuances entre esses polos. Os aspectos concreto e simbólico do racismo, presentes nas formas como cada território se organiza, se configuram apagando aquilo que é indesejado (características culturais e fenotípicas negras e indígenas) e exacerbando o que deve ser (naturalmente) exaltado (características brancas ocidentocêntricas). Para perceber, basta olhar para os diferentes territórios e espaços em sua cidade, seus modos de funcionamento, acesso e permanência, racialmente falando (mas não só!), e ver quem frequenta e como frequenta esses espaços. Essa dinâmica também afeta os corpos que por ali transitam. E não é suficiente uma pessoa negra ou indígena se autoafirmar: o olho que olha também a situa em um lugar existencial racialmente identitário.

Pessoas negras, em geral, são colocadas em um lugar de repulsa e exotização. Pessoas indígenas são olhadas com estranheza por estarem "fora de seu lugar" — a aldeia —, desconsiderando-se a intensa e violenta desterritorialização histórica por que vêm passando os povos originários desde a chegada dos primeiros colonizadores. Pessoas brancas são naturalizadas como as presenças desejadas e desejáveis nos ambientes higienizados de toda e qualquer cidade. Ninguém escapa da racialização. E esta é qualificada segundo preconcepções colonialistas de gênero, idade, capacidade, entre tantas outras. Os afetos são alimentados com o que cada pessoa vai utilizar enquanto forma de se disponibilizar — ou não — para a relação, e como isso vai acontecer nos diferentes episódios de contato no campo.

Considerando as configurações estruturalmente racistas brasileiras como forças macro do campo, o trabalho clínico de reencontro consigo de pessoas constantemente atacadas pelo racismo requer o reconhecimento de quem é a psicoterapeuta, de seu próprio lugar existencial, inclusive racialmente falando. A qualidade e a consistência do suporte oferecido pela psicoterapeuta são percebidas por clientes e envolvem essa dinâmica de reconhecimento mútuo. Uma vez que, em Gestalt-terapia, compreendemos que toda pessoa "ajustou--se à sua maneira peculiar, única e criativa para sobreviver da melhor maneira possível no seu contexto" (Ribeiro, 1998, p. 68), o aparecimento explícito de quem é a psicoterapeuta faz muita diferença nas formas que o campo clínico irá criar: se de cuidado ou de caridade, e as dinâmicas possíveis entre estas formas. Essa afirmação de Ribeiro (1998) nos leva explicitamente à incontestável consideração do entrecruzamento de todos os marcadores sociais e de gênero com o racial. Classe, gênero, tipicidade, idade, origem e localização geográficas, padrões corporais, sexualidade qualificam a vivência racial de cada pessoa e a nossa, como psicoterapeutas.

A branquitude pode ser entendida como uma presença dissimulada, apesar de, por vezes, externalizar falas antirracistas. No final das contas, trata-se de uma farsa que apresenta, paradoxalmente, os benefícios destrutivos da não localização existencial explícita de pessoas construídas como seres humanos que se pretendem universais (Longhini, 2022). Bento (2002) diz que esse silenciamento a respeito da racialização branca é uma forma de "evitar discutir as diferentes dimensões do privilégio", já que o país se recusa a falar sobre o legado da escravização e das colonialidades para as pessoas brancas. "Não reconhecer-se como partícipe dessa história é não assumir um legado que acentua o lugar de privilégio que o grupo branco desfruta na atualidade" (Bento, 2002, p. 28). E esse privilégio assume formas variadas em lugares diversos.

Quando se fala sobre ser uma pessoa branca, no Brasil, é comum surgirem justificativas, inclusive oficiais, de que, por sermos uma sociedade miscigenada, é impossível identificar com segurança quem pertence a esse grupo racial, considerando apenas o fenótipo (Munanga, 2008). Por outro lado, discursos mais difundidos afirmam que, em tese, é muito fácil identificar quem é negro com base no fenótipo. A identificação de quem é indígena, por sua vez, se resume a apagamentos em função de desterritorialização ou a uma fala enviesada recorrendo a uma bisavó indígena cujo legado é recusado no grupo familiar por diferentes motivos, sem contextualizar criticamente a história oficial de estupro de mulheres indígenas e negras desde a colonização. Quando esse relato é utilizado de forma a negar privilégios e responsabilidades no combate explícito ao racismo, acaba-se por acentuá-lo.

Lourenço Cardoso (2020) apresenta uma narrativa que explana histórica e geograficamente essa construção de identidades racializadas no Brasil. Ele diz que os primeiros portugueses a chegarem para colonizar o Brasil eram mestiços originários de uma "mistura biológica e cultural com mouros, judeus, ciganos e africanos". Essa ausência de uma desejada pureza étnica "potencializa seus vícios e diminui suas virtudes", segundo o olhar colonial. Eram, pois, "um branco não branco, um branco degenerado" (p. 55). Portanto, o branco português que coloniza o Brasil é menos branco que os brancos ingleses ou alemães, mas deseja se tornar mais branco, seguindo padrões eurocentrados: "virtuoso, moderno, mais belo, no sentido de se modernizar" e de alcançar uma superioridade racial dentro de uma hierarquia criada para caracterizar os colonizadores (Cardoso, 2020, p. 55). Essa busca por embranquecimento cultural funciona também como uma proteção para os europeus não brancos (judeus, árabes, sírios...)

Diversidade, violência, sofrimento e inclusão em Gestalt-terapia

que, mesmo conhecendo na prática as violências decorrentes do racismo, se aproveitam da passabilidade fenotípica para compor a parcela da população que pode silenciar diante das desigualdades sociais (Cardoso, 2020).

Esse branco não tão branco, mas que busca embranquecer a todo custo, se espelha em um ideal de brancura cuja imagem refletida é a sua própria. A recusa a olhar para a pluriversidade de existências no mundo coloca as pessoas brancas irreflexivamente no lugar existencial e naturalizado de ser o modelo de humanidade, em termos ideológicos, concretos, comportamentais, afetivos, identificatórios, linguísticos, relacionais, éticos e morais. Considerando a qualidade da presença clínica, essa postura branca não tem condições de ofertar serviços de cuidado como o suporte digno que pessoas negras e indígenas merecem, pois estas não são consideradas em suas próprias perspectivas de existências. Sequer tendo o direito de conhecer a si, o processo psicoterapêutico, que também pode se caracterizar tradicionalmente como autoconhecimento, torna-se mais um espaço de violência ao impedir que os grupos racializados possam sair da armadilha colonial de ser tidos como "brancos em potencial".

O trabalho clínico de cuidado com qualidade para pessoas e populações negras e indígenas precisa compreender que: "Uma das formas de exercer autonomia é possuir um discurso sobre si mesmo. Discurso que se faz muito mais significativo quanto mais fundamentado no conhecimento concreto da realidade" (Souza, 1983, p. 17). Bento (2002) diz que o silenciamento das pessoas brancas é uma forma de proteger os seus privilégios e os de seu grupo racial, além de isentá-las das responsabilidades sobre a manutenção das desigualdades raciais no Brasil. A encruzilhada clínica também é onde as pessoas brancas podem revisitar seus lugares existenciais, a partir da sua própria racialização.

No contato com psicoterapeutas negras politicamente conscientes de sua negritude, clientes negras tendem a relatar que se sentem mais tranquilas para apresentar suas dores e dificuldades, por terem maior percepção de que serão adequadamente acolhidas, escutadas, cuidadas. Há um receio, a princípio, quando se encontram com profissionais brancas, pois a relação psicoterapêutica pode se constituir a partir de um lugar de não escuta, de impossibilidade de aproximação, em função de barreiras estipuladas pelo racismo que desumaniza pessoas negras. E isso se deve, em grande medida, a uma construção instituída das relações sociais brasileiras com base na raça, que imprimem uma atitude de medo diante da ameaça negra, fantasiada desde a época colonial e mantida até os dias atuais. No encontro clínico entre profissionais e clientes indígenas, o processo tem características ainda mais específicas, uma vez que a compreensão clínica pela lógica do consultório é um formato que foge bastante das culturas tradicionais dos povos originários, os quais tendem a procurá-lo com menos frequência. A presença da psicologia com essas populações e com povos originários se dá, principalmente, a partir de políticas públicas que se ampliaram com mais força no processo de redemocratização nos anos 1980, tendo relatos mais frequentes no campo da psicologia social. Contudo, com a formação de indígenas psicólogas desde o inicio dos anos 2000, há o aumento significativo da construção de referências teóricas, técnicas e cosmológicas da descrição e compreensão de como os serviços de psicologia devem se reorganizar para atender esse público (Abipsi, 2022). As populações negras e indígenas se tornam uma espécie de inimigo interno dos brancos, que deve ser morto ou domesticado, o que justifica a colonização e sua continuidade (Mbembe, 2020; Azevedo, 1987).

Na clínica psicológica de orientação gestáltica que se recusa a pensar e olhar para a branquitude e seus efeitos na vida cotidiana de clientes e psicoterapeutas, essa escolha, não raro, se apresenta e se concretiza como uma forma neurótica de relação. Com rigidez de fronteira de contato de ambas as partes — para se proteger de violências imaginárias (pessoas brancas) ou potencialmente reais (pessoas negras e indígenas) —, o que se tem é uma relação sem cuidado genuíno, sem *awareness* que favoreça o crescimento saudável e a ressignificação de aspectos fixados, rígidos, do campo estruturado pela desigualdade violenta. A *awareness* nos alerta que as dores, as angústias sentidas por alguém são dores do mundo, ou seja, construídas nas relações e em cada encontro cotidiano. Cada pessoa lida com elas de acordo com as potencialidades e capacidades percebidas em si, quando for possível percebê-las.

SISTEMA *SELF*: CONTATO DINÂMICO NO CAMPO

A teoria do *self* é, provavelmente, a principal contribuição epistemológica clínica da Gestalt-terapia. Ela nos mostra que a percepção de si, do mundo e de si no mundo se constrói na concretude atual do campo. O campo, radicalmente, como fundo para compreendermos a (in)disponibilidade para o contato, inclusive nos ambientes clínicos ampliado e de consultório, nos exige atualmente novas referências de descrição, que possam ampliar e aprofundar o que temos produzido, até aqui, sobre nosso sentir-pensar-fazer clínico numa sociedade que se funda, organiza e atualiza a partir de perspectivas racistas e coloniais. Os silenciamentos são confortáveis para quem se encontra em lugares existenciais de privilégios diversos e consistem em negligências coniventes com o que temos construído, em grande parte, em termos de ausências efetivas nas nossas atuações clínicas (Arrelias, 2020b).

É na perspectiva territorializada de campo que venho entendendo o contato nos termos de Perls, Hefferline e Goodman (2017, p. 47), como "um excitamento crescente, sensitivo e interessado; e, inversamente, aquilo que não é de interesse, presente para nós, não é psicologicamente real". Mbembe (2020) e Teixeira (2019) nos dizem que aquelas existências construídas como Outras, que podem ser subjugadas, são o que se encontra na base da formação política, simbólica, científica, afetiva do Brasil. E é dessa forma que chegam até nós, solicitando um cuidado que, profissionalmente, não somos capazes de oferecer, em virtude desse fundo que nunca vira figura nítida.

Pessoas negras, indígenas e brancas, em suas pluriversidades, formam figuras específicas em seus contatos cotidianos a partir de suas experiências históricas pessoais e coletivas. O que lhes serve de referência na construção da compreensão de mundo e de pessoa tem influência direta e decisiva na formação de figuras fortes e consistentes, presentes afetivamente como doação espontânea no campo construído de maneira coletiva no presente imediato. As configurações motoras e verbais que compareçem a cada encontro emergem desse fundo de vivências. A (in)disponibilidade para o contato genuíno, assim sentida por quem é alvo constante de diferentes formas de racismo, é uma experiência real e concreta, mal ou não compreendida por quem não se racializa por ter sido naturalizado como o ser humano padrão.

A proposta gestáltica da teoria do *self* afirma que este só pode ser compreendido com base nas experiências no campo e envolve, necessariamente, o "contraste com a alteridade" (Perls, 1978, p. 55). Cada nova situação de contato, experienciada no momento presente, torna possíveis "aparições" relevantes do *self*, que o atualizam e acrescentam novas experiências que podem estar disponíveis em episódios futuros de contato (Staemmler, 2018). Esse processo dinâmico explicita o que Perls (2002) e Francesetti (2018) descrevem como características intrínsecas ao *self* em Gestalt-terapia: o ser humano só pode ser descrito a partir dos contatos que estabelece em um campo que precisa ser explicitado, o que evitaria "muitos equívocos que, como resultado de uma perspectiva isolacionista, podem ocorrer na ciência até com maior frequência do que na vida cotidiana" (Perls, 2002, p. 63). Portanto, todo contato é situado e assim precisa ser compreendido.

A dinamicidade e a flexibilidade para o contato permitem um *continuum* de *awareness* que favorece a fluidez e o crescimento a partir de cada situação vivenciada e integrada às experiências pessoais. Para isso, é fundamental a disponibilidade de presença de psicoterapeutas de modo que o suporte externo exista de fato. Considerando reflexões de Mbembe (2020) e Fanon (2018), em relações inter-raciais de qualquer tipo — psicoterapêuticas, inclusive —, não há suporte nem cuidado possíveis quando não se é capaz de reconhecer a humanidade de pessoas que, histórica e socialmente, foram construídas como não humanas (por marcadores de raça, gênero, classe, sexualidade, sob uma ótica capacitista, misógina etc.).

Permitir a exposição, sem armaduras, de existências negadas em sua humanidade é algo que só pode acontecer com o conhecimento e a compreensão da historicidade oficialmente negada nos discursos oficiais a respeito de como o Brasil se constrói desde a colonização violenta. Com essa virada de chave, será possível acessar narrativas tidas como marginais, que explicitam estratégias de sobrevivência e de construção de vida com alguma dignidade de quem nunca se permitiu ocupar o lugar de impotência. Mbembe diz que, com esse primeiro passo, é possível construir relações de cuidado de fato, pois "só existe humanidade onde o gesto — e, portanto, a relação de cuidado — é possível; onde nos deixamos afetar pela face do outro, onde o gesto está relacionado a uma fala, a uma linguagem que rompe um silêncio" (Mbembe, 2020. p. 192). Ou seja, quando psicoterapeutas se permitem a afetação de quem, em alguma medida, sabe de si, ainda que precise refinar esse saber e modificar suas referências para reencontrar-se.

O *self* emergente em uma situação onde falta o gesto de cuidado genuíno tem se apresentado como defensivo contra a violência (pré-)sentida, ou mesmo em formas de dilaceramento psíquico em função de vivências também (pré-)sentidas como dilacerantes. Esse *pré-sentir*, aqui, está sendo referenciado em termos conceituais à função personalidade. Quando existem experiências reais de apoio, a pessoa pode entrar em um processo de crescimento e questionamento, sendo possível enfrentar, inclusive, situações futuras de violência racial, por ter condições de construir estratégias diversas e instrumentos de luta e defesa (CFP, 2017).

O *self*, "como o princípio unificador das formas de experiência" (Robine, 2018, p. 229), é um descritor clínico teórico que nos informa sobre a integralidade da pessoa envolvida em toda e qualquer experiência. Seus modos de funcionamento — id, ego e personalidade — são apresentados como instâncias temporais descritoras da história pessoal (personalidade), das afetações emergentes (id) e das ações explícitas (ego) de cada uma das pessoas envolvidas nos episódios de contato. Sendo sempre da situação, o *self* cocriado e emergente também envolve diretamente psicoterapeutas e suas trajetórias e identificações pessoais no mundo. Tendo o campo como fundo, a consideração explícita sobre quem se é, de onde se vem e quais as bases de moralidades que organizam a própria existência são aspectos que envolvem também as experiências de psicoterapeutas. Como elas são utilizadas em favor do cuidado e do suporte de pessoas que tem sua humanidade constantemente questionada, silenciada e invalidada?

"Sem o experienciar cru e passivo (função *Id*) não há organização sensorial e motora possíveis que possam nos convocar ao contato" (Phillipson, 2018, p. 357). Psicoterapeutas que desconhecem seus lugares existenciais terão dificuldade de reconhecer o que quer que se doe enquanto afetação no encontro clínico com existências colonialmente construídas como diferentes, sendo essa diferença subjugada, demarcada como inferior, dominada. O que alimenta o campo que sustenta nossas clínicas é a ideologia, especialmente quando não tornada explícita.

O *self*, nas formas apresentadas por clientes, não é um dado objetivo com o qual o terapeuta deve sintonizar. Isso tampouco acontece com psicoterapeutas. A criação, o estabelecimento e a manutenção do vínculo psicoterapêutico envolvem disponibilidade e capacidade "de coabitar muitos espaços relacionais diferentes com o cliente", de modo que o processo psicoterapêutico abra um "espaço para a emergência segura de novas possibilidades relacionais" (Phillipson, 2018, p. 367). O *self*, na perspectiva gestáltica, é emergente, poderoso, criativo, transitório, dinâmico. Ele "concretiza e substancializa um termo cujos referentes são primariamente subjetivos ou experienciais" (Staemmler, 2018, p. 100).

Sendo da experiência presente, o *self*, para a Gestalt-terapia, assume configurações da experiência atual, com acúmulos passados e expectativas futuras se apresentando em movimentos de ordem motora, linguística e estética constantes. Nas afetações presentes. "Movimento é mudança [...] Somente a própria mudança é real. Junto com esse movimento a temporalidade é uma forma necessária para conectar as experiências com as experiências" (Staemmler, 2018, p. 105). Tempo, por sua vez, envolve o processo agressivo de mastigar, engolir, digerir, separar o que é nutritivo, expelir o que não serve e transformar em energia o que permanece.

Para Georges Wollants (2018, p. 135), "*Id* é o modo do corpo viver a situação". Assim, racializar nossas concepções e presenças clínicas significa, entre tantas outras coisas, assumir inequivocamente o lugar do violento privilégio branco (fenotípico, estético, simbólico, epistêmico, cognitivo, cultural) que mantém a estrutura racista das relações estabelecidas em um fundo comum de convivência que teima em negá-la, reiteradamente. Considerar a centralidade da fronteira de contato como fundamental para toda experiência humana requer o reconhecimento do brancocentrismo que funda e sustenta a psicologia e também a Gestalt-terapia, em termos teóricos, epistemológicos, filosóficos e práticos. Quem se contrapõe a

Diversidade, violência, sofrimento e inclusão em Gestalt-terapia

esta perspectiva é, com frequência, lançada ao lugar da prisão de fala, sem que haja a possibilidade real de introdução da temática das relações raciais por quem se beneficia da manutenção da estrutura.

Não desejar ou precisar se racializar é estratégia colonizadora clássica de dominação, que enfraquece, inclusive, o processo clínico de cuidado. Gestalt-terapeutas que não consideram concretamente o seu lugar racial e a racialidade do campo como fundo para a constituição e manutenção do contato tendem a fortalecer o lugar de dominação que impede — ou dificulta — que pessoas negras e indígenas olhem para si e se nomeiem. Neurose devidamente alimentada: as pessoas melaninadas passam a ser individualmente responsabilizadas por seus processos de bloqueios de contato e impedimento de crescimento!

Impedir ou dificultar que pessoas negras e indígenas construam memórias autorreferenciadas sobre si as destitui da possibilidade de se tornarem suas próprias casas-lares. Esse impedimento, no caso da clínica psicológica, envolve a indisponibilidade para a escuta, o olhar, o sentir, a presença, e está associado com a força estruturante do campo: a vilanização da Outridade, construída como ameaça fantasiosa por expressar tudo que a perspectiva ocidentocêntrica criou de ruim, negativo, e lançou sobre inimigos imaginados — os povos melaninados e seus descendentes (Mbembe, 2020). O jeito mais eficaz, e talvez o único, de combater esse fantasma é se deparar frontalmente com ele, chamando-o pelo devido nome — racismo —, de forma a estar, eticamente, na clínica como um fazer de cuidado amoroso. São as pessoas brancas, em fenótipos diversos e cultura de dominação, que constroem esses fantasmas que impedem a pessoas melaninadas de construir memórias e narrativas positivas sobre si. Esta é a estrutura racista que funda e se atualiza como campo, em aspectos históricos, culturais, sociais, políticos, relacionais no Brasil. Utilizar uma única pessoa negra ou indígena como representação que, em tese, contraria a norma reforça a estrutura do racismo como fundo que fundamenta nossas relações cotidianas. Essa pessoa única, geralmente embranquecida em algum nível ou enfraquecida nas autorreferências, se torna a exceção que confirma a regra.

As instituições formadoras, em todos os níveis educacionais e campos científicos, nos ensinam e estimulam a produzir discursos deturpados sobre pessoas negras e indígenas. Elas se recusam a conhecer, efetivamente, territórios e corpos-territórios com base nas próprias narrativas e referências teóricas, filosóficas, culturais destes povos. Trata-se do apagamento de quem não tem a permissão para falar de si, o qual se mantém por meio de artimanhas extremamente elaboradas e cada vez mais refinadas. A nossa responsabilidade (de profissionais negras e indígenas, sobretudo) para desfazer essa armadilha é radicalizar a encruzilhada, apossando-nos de nossas referências a partir dos passos deixados por quem veio muito antes de nós, e ensinou a quem nos precede, mais recentemente. A quem nos violenta, cabe assumir, também radicalmente, numa perspectiva decolonial, o seu lugar existencial de mantenedores da estrutura colonial violenta que perpetua desigualdades. Se há quem morra é porque há quem mate, manejando a arma ou sendo conivente com a ação letal.

Eu sou eu e sou negra. E, enquanto negra, sou um produto das relações raciais no Brasil, relações que estão numa situação que se pode chamar de caótica [...] ainda existe, no Brasil, uma cultura própria, uma forma de vida do negro, que só poderá ser conhecida na medida em que o próprio negro se identificar enquanto negro. (Nascimento, 2018, p. 102)

Beatriz Nascimento (2018) nos apresenta uma forma de sair da armadilha colonial, oferecendo uma pista sobre a postura e a presença clínica. Eis o nosso desafio e o nosso dilema clínicos da atualidade. O olhar compreensivo para a história da África e do Brasil para além da colonização é condição indispensável para compreendermos e reescrevermos essa historiografia com referências diferentes daquelas que têm sido utilizadas oficialmente nas exigentes formas educacionais em todos os níveis, mantidas por um intrincado esquema instituído que se reinventa com o tempo — mas não o suficiente para barrar a sabedoria repassada de muitas formas, por gerações, entre povos negros e indígenas. É essa sabedoria sagaz que permite resistir ao pacto geno e etnocida que funda o Brasil nação. E é nessa sabedoria, sobretudo, que nos apoiamos para construir novos argumentos filosóficos, epistemológicos e técnicos para oferecer cuidados clínicos condizentes com as necessidades e as potencialidades de pessoas e populações relegadas à marginalização das colonialidades do ser, do ter e do poder.

Walter Ribeiro (1998, p. 60) diz que "a pessoa que se aceita desenvolve (reencontra?) o grau de autoconfiança e de autoestima que a caracteriza como um ser saudável, independentemente de eventuais crises ou papéis que possa ter necessidade de desempenhar para melhor sobreviver em ambientes desfavoráveis". Para se aceitar e se reencontrar, ela precisa ter acesso a narrativas positivas a respeito de si, de sua história pessoal e familiar e de suas identificações. Uma pessoa nessas condições "ouve a todos com a tranquilidade e a serenidade de quem sabe o que quer e do que necessita" (Ribeiro, 1998, p. 60). Ela não adoece, e as violências em potencial não a atingem a ponto de paralisá-la.

Neusa Santos Souza (1983, p. 17-8) diz que "saber-se negra é viver a experiência de ter sido massacrada em sua identidade, confundida em suas perspectivas, submetida a exigências, compelida a expectativas alienadas. Mas é também, e sobretudo, a experiência de comprometer-se e resgatar sua história e recriar-se em suas potencialidades". Para que esse compromisso consigo se efetive, faz-se necessário o movimento constante de retorno ao passado realizado por pessoas negras e indígenas, em "busca do que não foi escrito, do que foi ocultado, ou da história subterrânea que ainda precisa ser explicitada" (Evaristo, 2022, p. 103), pois não conhecemos a história que estrutura o Brasil, fora das narrativas oficiais, que sustentam e se alimentam das narrativas da colonização.

Além da busca por esse passado que não passou, por sua ancestralidade, pessoas negras e indígenas, culturalmente, constroem autossuporte na coletividade. Sua força existencial está aí. Pessoas brancas, apesar de culturalmente individualistas, se fortalecem e fortalecem a lógica de proteção de si como grupo social não nomeado. Uma das estratégias protetivas é dificultar a coletivização diária de quem foi construído como dominado. Teixeira (2019) chama de "poder de afonia" a estratégia do racismo e de diversas outras violências fundadas no colonialismo que impedem até mesmo a organização coletiva que ajuda a construir possibilidades de vida para quem tem a sua negada. Profissionais que reconhecem a violência do racismo conseguem se ajustar criativamente para não desistir, mas recriar possibilidades saudáveis de ser suporte. O campo clínico pode ser um espaço potente de criação de presença saudável no mundo.

> Tendo como pano de fundo a dinâmica do racismo à brasileira e da atitude terapêutica, um dos objetivos a ser percorridos na clínica gestáltica das relações raciais é auxiliar o cliente a identificar o que ele "é" e o que ele tenta "ser", bem como a serviço do que e/ou de quem (ideologias e racismo internalizados? Mitos e crenças limitantes? Empobrecimento afetivo? Ausência de identidade?). (Fonseca, 2020. p. 115)

As pessoas e os povos criados como dominados perdem quase tudo, menos o seu corpo. E é com base nesse corpo integrado com o mundo concreto e o espiritual que tem sido possível criar formas de autocuidado e recuperação de si. Para mestre Joelson Ferreira, o corpo possibilita aos subalternizados não perder a sua identidade; então, é justamente a partir daí que devem se manifestar politicamente no mundo. "O corpo negro continua sendo o território que devemos defender diariamente" (Ferreira, 2021, p. 117), assim como o corpo indígena. É com base nele que, radicalmente, o autocuidado e a reconstrução da autoestima também se tornam possíveis, de forma comunitária.

Considerando todas essas questões raciais do campo motivando afetos, ações e formas de saber de si, é importante trazer uma reflexão de Walter Ribeiro (1998, p. 72): "não podemos pautar o nosso fazer seguindo apenas nossa 'espontaneidade', porque, infelizmente, ela não é confiável, só o seria se fôssemos seres portadores de uma saúde que não temos".

Então, não é possível se ajustar criativamente de forma a sustentar nosso crescimento saudável se não conhecemos honestamente o campo que coconstruímos nas relações cotidianas. E falo, sim, de raiva, de choro, de festa, de permanência, de retirada... São tantos os movimentos possíveis, criados numa estrutura bem reconhecida e significada a partir das afetações dali decorrentes. Todas as formas de violências impostas pelas colonialidades provocam afetações que geram ajustamentos criadores. Quem está no lugar do privilégio ou da vantagem existencial cria novidades para se proteger de um fantasma imaginário, fruto da lógica colonial. Trata-se de um ajustamento criativo violento, nada saudável, nem pra si, que se priva da convivência com a diversidade que lhe proporcionaria o crescimento do qual abre mão com medo de ser exterminado por um inimigo inexistente. Quem está na experiência de ser violentado cria ajustamento de autoproteção contra essa violência etnogenocida — ajustamento criador saudável, de manutenção e insistência na vida.

A maneira como nos inserimos no mundo é forjada pelas narrativas em diferentes formatos que definem nosso lugar no rol de humanidades. "Sendo assim, as lentes pelas quais enxergamos os outros sujeitos são construídas a partir dos modelos morais que nos formam" (Teixeira, 2022, p. 67) e dos quais nem sempre temos consciência, pois eles dependem da cultura que os origina para serem considerados ou não. Conforme Teixeira (2002, p. 69):

[...] a descrição moral, alicerçada numa perspectiva unilateral e que asfixia as possibilidades, se distancia exponencialmente da ética e, por conseguinte, do bem comum. Essa distância tem por intenção desarticular lutas, denúncias e insurgências que, de modo ético, decolonial e disruptivo, produzem corpos políticos. A moral restritiva e sua face hostil tem um fetiche pela fragilização dos corpos que publicamente são submetidos aos sistemas de violência.

As reflexões aqui trazidas vêm no sentido de inverter a lógica de expor sem ser exposto, como privilégio ontológico (Ochi Curyel *apud* Longhini, 2022). Trago narrativas negras — africanas, do continente e da diáspora forçada —, bem como indígenas, transfluenciando com bases epistemológicas da Gestalt-terapia, especificamente pensando experiências brasileiras. Reescrever politicamente a Gestalt-terapia, no Brasil, a partir da radicalização da raça nos nossos modos costumeiros e habituais de estruturar o nosso campo micro e macro relacional é o desafio ao qual me proponho a dar continuidade (iniciado em Arrelias, 2019, 2020a, 2020b).

Estamos no tempo propício para efetivar as mudanças que, há tempos, vimos desejando, dizendo, escrevendo como necessárias. O mundo colonial ruiu. Quem insiste em permanecer nele será atropelado, uma vez que suas bases estão expostas. Afirmo que pessoas negras são utilizadas como "chaveirinhos" para as pautas de pessoas, grupos, espaços e instituições que se dizem antirracistas, justificando os posicionamentos racistas com a ação de integração da pessoa negra única e com a despotencialização das pautas e dos argumentos tradicionais de lutas negras. As pessoas indígenas ainda estão em um lugar tão forte de apagamento que sequer têm sido lembradas ou consideradas como importantes construtoras da psicologia e da Gestalt-terapia que tanto dizemos desejar.

As lutas históricas, constantes e acirradas dos movimentos negros e indígenas e dos movimentos de mulheres negras em diferentes frentes nos mostra que, nessa armadilha, já não caímos mais, se é que alguma vez nos abatemos com ela. As exigências de que pessoas brancas — segundo as reflexões levantadas por Lourenço Cardoso — se reconheçam e se assumam nesse lugar, também identitário, são um confronto aberto para que nossas existências negras e indígenas de vida não sejam mais recursos para que a casa-grande siga se sentindo tranquila.

Seguindo reflexões de Fanon, fico com a imperiosa audácia de cuidar com criatividade. Para isso, é fundamental rever, repensar, re-sentir, reescrever o que, até hoje, sabemos — ou achamos que sabemos — sobre o que é ser humano e sobre o que é mundo. Estamos, radicalmente, na encruzilhada, que nos põe diante do irrecusável chamado ao movimento de criação da novidade em que todas as vidas são bem-vindas, se o que desejamos é ser uma sociedade democrática de fato. Não existe hierarquia de existências. Como diz mestre Nego Bispo no início de suas falas públicas, "vivas, vivas, porque todas as vidas são necessárias!"

A criação deste mundo novo requer pessoas seguras de si, que reconhecem suas habilidades, capacidades e competências. Pessoas criativas. Capazes de lidar com situações cotidianas de contato que promovam ajustamentos criadores como recursos autossuportivos. Justamente o que vem sendo negado para pessoas negras e indígenas no projeto de nação que funda e sustenta o Brasil. Nossa contribuição gestáltica passa por aí, e precisa de psicoterapeutas que se engajem responsavelmente na construção desse projeto. O passado está bem descrito, em várias linguagens, por quem sempre foi alvo das violências coloniais. É no presente que construímos o futuro que desejamos. "Olhos para quem é de ver. Ouvidos pra quem é de escutar. Pele pra quem é de sentir". Sabedoria ancestral de quilombo que me ensinou.

REFERÊNCIAS

ABIPSI — Articulação Brasileira dos(as) Indígenas Psicólogos(as). *Pintando a psicologia de jenipapo e urucum — Narrativas de indígenas psicólogas(os) do Brasil.* Série Saberes Tradicionais, v. 5. São Leopoldo: Casa Leiria, 2022.

ARRELIAS, L. *"Sem fechar os meus sorrisos": compreensão gestáltica sobre a construção intersubjetiva da identidade de mulheres negras da Amazônia paraense.* 119p. Monografia (especialização em Gestalt-terapia) — Centro de Capacitação em Gestalt-terapia, Belém, 2017. Disponível em: <https://www.academia.edu/39806329/Mulheres_negras_intersubjetividade_e_clínica_gestáltica_na_Amazônia>. Acesso em: 5 jun. 2023.

_____. "Reflexões da clínica gestáltica sobre relações raciais". In: NASCIMENTO, L. C. S.; VALE, K. S. do. *Sentidos em Gestalt-terapia — Novas vozes, outros olhares.* Ponta Grossa: Atena. 2020a. p. 93-109. Disponível em: <https://www.atenaeditora.com.br/catalogo/ebook/sentidos-em-gestalt-terapia-novas-vozes-outros-olhares>. Acesso em: 5 jun. 2023.

_____. "Racismo: Gestalt aberta que mantém ausências". In: ABG — Associação Brasileira de Gestalt-terapia e Abordagem Gestáltica (org.). *Olhares da Gestalt-terapia para a situação de pandemia.* Curitiba: CRV, 2020b. p. 119-38. Disponível em: <https://drive.google.com/file/d/1bPjZ-wbcPFTzCUhnUsMOF_EhxrneC-oG/view>. Acesso em: 5 jun. 2023.

AZEVEDO, C. M. M. de. *Onda negra, medo branco — O negro no imaginário das elites do século XIX.* Rio de Janeiro: Paz e Terra, 1987.

BANDÍN, C. V. "'Como o rio que flui, passa, e está sempre presente': a teoria do *self* na Gestalt-terapia". In: ROBINE, J.-M. (org.). *Self — Uma polifonia de Gestalt-terapeutas contemporâneos.* São Paulo: Escuta, 2018. p. 13-30.

BENTO, M. A. *Pactos narcísicos do racismo: branquitude e poder nas organizações empresariais e no poder público.* 169f. Tese (doutorado em Psicologia) — Instituto de Psicologia da Universidade de São Paulo, São Paulo, 2002. Disponível em:

<https://doi.org/10.11606/T.47.2019.tde-18062019-181514>. Acesso em: 5 jun. 2023.

Bispo, A. [Nego Bispo]. *Colonização, quilombos — Modos e significados*. Brasília: INCTI/UnB, 2015.

Cardoso, L. "O branco não branco e o branco branco". *Humanitas Digital*, n. 47, p. 53-81, 2020. Disponível em: <https://humanitas.uanl.mx/index.php/ah/article/view/610/518>. Acesso em: 5 jun. 2023.

Bloom, D. "A função relacional do *self*: o funcionamento do *self* do plano mais humano". In: Robine, J.-M. (org.). *Self — Uma polifonia de Gestalt-terapeutas contemporâneos*. São Paulo: Escuta, 2018. p. 57-78.

CFP — Conselho Federal de Psicologia. *Relações raciais — Referências técnicas para a atuação de psicólogas(os)*. Brasília: CFP, 2017. Disponível em: <https://site.cfp.org.br/wp-content/uploads/2017/09/relacoes_raciais_baixa.pdf>. Acesso em: 5 jun. 2023.

Evaristo, C. "Independência do Brasil: uma pátria de muitos gritos". In: Santos, H. (org.). *A resistência negra ao projeto de exclusão racial. Brasil 200 anos (1822--2022)*. São Paulo: Jandaíra, 2022. p. 102-8.

Fanon, F. *Em defesa da Revolução Africana*. São Paulo: Raízes Americanas, 2018.

Favero, S.; Kveller, D. B. "Adjetivar a psicologia?" *Estudos e Pesquisas em Psicologia*, Rio de Janeiro, v. 22, n. especial, p. 1499-517, 2022. Disponível em: <https://www.e-publicacoes.uerj.br/index.php/revispsi/article/view/71758>. Acesso em: 5 jun. 2023.

Ferreira, J.; Felício, E. *Por terra e território — Caminhos da revolução dos povos no Brasil*. Arataca: Teia dos Povos, 2021.

Francesetti, G. "'Você chora, eu sinto dor'. O *self* emergente, cocriado, como o fundamento da antropologia, psicopatologia e psicoterapia na Gestalt-terapia". In: Robine, J.-M. (org.). *Self — Uma polifonia de Gestalt-terapeutas contemporâneos*. São Paulo: Escuta, 2018. p. 147-68.

Fonseca, S. S. da. "Racismo à brasileira e sofrimento psíquico da população negra: contribuição da Gestalt-terapia". In: Marras, M. *Angústias contemporâneas e Gestalt-terapia*. São Paulo: Summus, 2020.

Longhini, G. D. N. *Nhande ayvu é da cor da terra: perspectivas indígenas guarani sobre etnogenocídio, raça, etnia e branquitude*. 132f. Tese (doutorado em Ciências Humanas) — Universidade Federal de Santa Catarina, Florianópolis, 2022. Disponível em: <https://repositorio.ufsc.br/handle/123456789/241036>. Acesso em: 5 jun. 2023.

Mbembe, Achille. *Políticas da inimizade*. Tradução de Sebastião Nascimento. São Paulo: N-1, 2020.

Munanga, Kabengele. *Rediscutindo a mestiçagem no Brasil — Identidade nacional versus identidade negra*. Belo Horizonte: Autêntica, 2008.

Ngoenha, S. *Lomuku*. Maputo: Publifix, 2019.

Nogueira, S. "Prefácio". In: Teixeira, T. *Decolonizar valores. Ética e diferença*. Salvador: Devires, 2021. p. 15-9.

NÚÑEZ, G. "Monoculturas do pensamento e a importância do reflorestamento do imaginário". *Revista ClimaCom — Diante dos negacionismos. Pesquisa-ensaios*, ano 8, n. 21, 2021. Disponível em: <http://climacom.mudancasclimaticas.net.br/monoculturas-do-pensamento/>. Acesso em: 5 jun. 2023.

PAULA, F. C. de. "Sobre a dimensão vivida do território: tendências e a contribuição da fenomenologia". *GeoTextos*, v. 7, n. 1, p. 105-26, jul. 2011. Disponível em: <https://doi.org/10.9771/1984-5537geo.v7i1.5271>. Acesso em: 5 jun. 2023.

PERLS, F. "Finding self through Gestalt theraphy". *Gestalt Journal*, v. 1, n. 1, p. 54-73, 1978.

_____. *Ego, fome e agressão — Uma revisão da teoria e do método de Freud*. São Paulo: Summus, 2002.

PERLS, F.; HEFFERLINE, R.; GOODMAN, P. *Gestalt-terapia*. São Paulo: Summus, 1997.

PHILLIPSON, P. "Self e o Outro". In: ROBINE, J.-M. (org.). *Self — Uma polifonia de Gestalt-terapeutas contemporâneos*. São Paulo: Escuta, 2018. p. 355-68.

RIBEIRO, W. da R. *Existência Essência — Desafios teóricos e práticos das psicoterapias relacionais*. São Paulo: Summus, 1998.

ROBINE, J-M. "O *self*, artista do contato." In: ROBINE, J.-M. (org.). *Self — Uma polifonia de Gestalt-terapeutas contemporâneos*. São Paulo: Escuta, 2018. p. 219-40.

SILVA, D. F. da. *Homo modernus — Para uma ideia global de raça*. Tradução de Jess Oliveira e Pedro Daher. Rio de Janeiro: Cobogó, 2022.

SOUZA, N. S. *Tornar-se negro — As vicissitudes da identidade do negro brasileiro em ascensão social*. Rio de Janeiro: Graal, 1983.

STAEMMLER, F-M. "*Self* enquanto processo situado". In: ROBINE, J.-M. (org.). *Self — Uma polifonia de Gestalt-terapeutas contemporâneos*. São Paulo: Escuta, 2018. p. 99-118.

TEIXEIRA, T. *Inflexões éticas*. Belo Horizonte: Senso, 2019.

_____. *Decolonizar valores. Ética e diferença*. Salvador: Devires, 2021.

TUXÁ, I. "Territorialidade e subjetividade: um caminho de retomada do ser". In: ABIPSI — Articulação Brasileira dos(as) Indígenas Psicólogos(as). *Pintando a psicologia de jenipapo e urucum — Narrativas de indígenas psicólogas(os) do Brasil*. Série Saberes Tradicionais, v. 5. São Leopoldo: Casa Leiria. 2022.

UNIÃO dos coletivos panafricanos. *Beatriz Nascimento, quilombola e intelectual — Possibilidade nos dias da destruição*. São Paulo: Filhos da África, 2018.

WOLLANTS, G. "*Self* da situação". In: ROBINE, J.-M. (org.). *Self — Uma polifonia de Gestalt-terapeutas contemporâneos*. São Paulo: Escuta, 2018. p. 135-46.

YONTEF, G. "O *self* na Gestalt-terapia: resposta a Tobin". In: ROBINE, J.-M. (org.). *Self — Uma polifonia de Gestalt-terapeutas contemporâneos*. São Paulo: Escuta, 2018. p. 119-34.

7.
Sustentar o conflito: notas sobre a clínica gestáltica e as normatividades no campo

KAHUANA LEITE

> *Por um mundo onde a transformação*
> *e a mudança sejam um sinal de saúde*
> *e não de traição.*
> Geni Núñez, @genipapos

O sentido emerge como fenômeno nutrido por um fundo que, enquanto pode ser sentido na singularidade do eu, se constrói na coletividade (Alvim, 2022). Faço-me na coletividade, num encontro na fronteira que me coloca diante do desconhecido, processo que mobiliza conflitos ao passo que me convoca à destruição do já assimilado para uma abertura ao devir. Entendo, aqui, que a noção de conflito é um fundamento ético-político da Gestalt-terapia e se opõe à noção de agressividade da psicanálise freudiana, que a entende como pulsão de morte.

A agressão é concebida pela Gestalt-terapia como meio de preservação de si no contato com o mundo. A constante repressão para sua inibição é tida como forma violenta produzida pela sociedade numa tentativa de conter a destruição e, logo, a criação de outros sentidos para além dos estabelecidos.

Isadore From e Michael Vicent Miller, no prefácio do livro *Gestalt-terapia* (1997), publicado originalmente em 1951, ressaltaram que uma postura condescendente com os imperativos do mundo ocorria devido ao medo do conflito, o qual, segundo Fritz Perls, seria a fonte da neurose.

O conflito é caminho e fundamento da clínica em Gestalt-terapia. Todo conflito emerge na fronteira de contato no campo organismo/ambiente. O que e como signifíco o que emerge a mim está envolvido nesse processo de contato que carrega aspectos históricos, culturais e políticos. Em um contexto marcado pela colonização, estruturas hegemônicas de poder se fazem presentes, formas colonizadas às quais estamos expostes e que antecedem nosso nascimento. O tom da pele, os traços do rosto, o cabelo lido como esteticamente agradável, a sexualidade e a identidade "adequadas" dão contorno ao fundo e ao que aparece a nós como figura.

O que estou escrevendo pode parecer a você uma novidade; a outres, tão familiar como sentir a quentura ao aproximar-se do fogo, ondas de calor aparentemente invisíveis, mas que podem provocar feridas na pele. Sinto a necessidade de avisar que nas próximas páginas você encontrará alguns desconfortos que sinto em meu percurso como Gestalt-terapeuta. A escrita acadêmica, neutra, polida, não é algo que encontrará por aqui. Considero o que Perls, Hefferline e Goodman ou PHG (1951/1997) trouxeram, "não existe realidade neutra, indiferente" (p. 47), e a noção de que o seja ocorre por uma inibição do prazer, da espontaneidade, da criatividade, muito presentes na ideia de ciência moderna.

Gosto de brincar com as palavras e vejo uma brecha na poesia dentro de formas que assumem moldes, a entendo como meio subversivo frente aos binarismos de certo ou errado, culto ou informal, entre outros. Já nos disseram PHG (1951/1997) que "o contrário da verbalização neurótica é uma fala criativa e variada; não é nem a semântica científica, nem o silêncio; é a poesia" (p. 130). Aqui, você também não encontrará "uma forma de fazer clínica em Gestalt-terapia com corpas não hegemônicas". Nossas vidas não são fórmulas. Noções de intervenção baseadas em receitas são justamente o oposto do que propôs e propõe a Gestalt-terapia; me interesso por questionar o nosso fazer clínico. Faço um convite a refletirmos: por quais motivos pensamos a clínica apenas para corpas brancas, cisgêneras e heterossexuais? Nós, corpas não hegemônicas, não existíamos antes das nomeações dadas por pessoas que, veja só, não se nomeavam? O reconhecimento de uma ética na clínica precisa passar por uma reflexão sobre a própria clínica.

Para podermos caminhar em conjunto, ainda que em desavença, informo que o uso do termo corpas não hegemônicas nesta escrita faz referência a pessoas negras, indígenas, transexuais, travestis, não bináries, intersexo, bissexuais, lésbicas, *gays*, pessoas com deficiência, pessoas gordas e todes que não se encaixam na norma branca, cisgênero, heterossexual, sem deficiência e magra. Usarei a palavra "corpa", com gênero flexionado em "a", como recurso para borrar palavras compreendidas naturalmente como masculinas na língua portuguesa.

Retomando, a sexualidade e a identidade de gênero foram marcadas com a diferença segundo uma lógica que se entendia como a natural. Os laboratórios "psi" contribuíram para nomear a homossexualidade e a transexualidade, palavras por eles grafadas com o sufixo "ismo" para demarcar patologia. Partindo de questionamentos a essa "ordem", estudos feministas e *queer* apontavam como a ideia de "natureza" era fabricada na cultura, pelas diversas tecnologias de gênero (Lauretis, 1987/1994), narrativas presentes nas mais diversas instituições. Posteriormente, teóricas pós--estruturalistas descreveram que o próprio sexo era também produto da ideia de gênero, uma perspectiva binária e essencialista. Wittig (1982/2022) apontou "a opressão que cria o sexo e não o contrário" (p. 33); Butler (1990/2015) descreveu o gênero como performático e com efeitos de verdade, ou seja, aprendemos a encenar binariamente o que é ser "homem" OU "mulher". Quando a performance é exposta como socialmente construída, se buscou e se busca justificá-la com base na biologia, como se a própria biologia também não tivesse influência da sociedade. Preciado (2008/2018) apontou como o sistema econômico-político do capitalismo pós--guerra assumiu "a gestão política e técnica do corpo, do sexo e da sexualidade" (p. 26) pela indústria farmacêutica e pornográfica. Todo esse percurso desnaturaliza qualquer conceito sobre uma corpa *a priori* e reconhece que existem opressões que atuam no tecido social.

É preciso trazer vivo o fundo que compõe a história da psicologia, um fundo que "expurgava" do convívio em sociedade corpas incômodas à norma. A ciência se assentou sobre uma epistemologia cisgênera e heterossexual. Essas categorias não se referem apenas a pessoas que se identificam com o gênero atribuído ao nascimento e com a orientação sexual correspondente a essa atribuição, mas a um *cis*tema que organiza a vida em sociedade, presente nas instituições e na base do conhecimento científico (Favero, 2020a).

Quando caminho pelo chão do *campus* Praia Vermelha da Universidade Federal do Rio de Janeiro, onde atualmente desenvolvo minha pesquisa de mestrado, entro no Instituto de Psicologia e percorro um corredor com uma série de instrumentos psicométricos utilizados num manicômio que ali existiu. Como diz Sofia Favero (2020b, p. 91) "a saúde mental nos deve", e cobramos, numa perspectiva em carne viva, contra toda neutralidade, colocando a norma em questão e não mais sendo nomeades por ela.

Acredito que os questionamentos são produção de conhecimento, não "algo que antecede a resolução de problemas" (Favero, 2022, p. 32). Conflitar é destruir, destruir é criar, o que demanda arriscar-se ao desconhecido. Retomando o sentido de agressividade em Gestalt-terapia, se faz necessário mastigar a própria experiência, e isso exige uma dose — ou mais — de atrito, produzindo questionamentos ao conhecido. Compreendo a agressividade como abertura frente aos engessamentos produzidos pelas normatividades, a "agressão nos habilita a arriscar a ter um impacto no nosso mundo, e nos liberta para sermos criativos" (PHG, 1951/1997, p. 22). Quero te convidar a questionar comigo, a desestabilizar o que foi engolido como "verdade", destruir-construir-destruir outras formas de experimentar a Gestalt-terapia.

NORMATIVIDADES EM CAMPO: DENUNCIANDO A HEGEMONIA

> *Por que sou levada a escrever? [...] Porque devo manter vivo o espírito de minha revolta e a mim mesma também. [...] Escreverei sobre o não dito, sem me importar com o suspiro de*

> *ultraje do censor e da audiência. Finalmente,*
> *escrevo porque tenho medo de escrever, mas*
> *tenho um medo maior de não escrever.*
>
> Glória Anzaldúa, "Falando em línguas"

O descentramento do sujeito acabade e interiorizade para um sujeito num espaço-tempo histórico, político, social, rompeu com ideias positivistas de uma realidade neutra. No livro *Gestalt-terapia* (PHG, 1951/1997), encontramos o relato de uma sociedade embrutecida, dicotômica, que perversifica a criança — período de experimentação por excelência — e exige uma maturidade rígida, assim como estabelece instituições que trabalham para a burocratização da vida, impossibilitando sua fluidez. Laura Perls, Fritz Perls e Paul Goodman apresentavam profundas críticas à ciência moderna, a ideias de neutralidade e ao *American way of life*. Segundo Alvim (2014), esse fundo de vivências da autora e dos autores é composto por características atentas e sensíveis à experiência, compondo a construção da abordagem.

Estudo a Gestalt-terapia desde 2015 e considero essa uma aproximação recente com a teoria. Acho atrevido me colocar a questionar. Aprendi desde cedo que algumas palavras são usadas também para barrar, interditos baseados em binarismos de gênero: "Menina não pode isso! Menino não pode isso!" Quando criança, costumava dizer que seria "cantarina", cantora e dançarina, por que um ou outro? As palavras estão organizadas de forma binária em nossa cultura, escondem a multiplicidade de tantes que podemos ser. Decidi que não seria uma coisa *ou* outra, mas sim uma coisa *e* outra, seja lá no que me envolvesse.

A clínica se abriu como forma de sobrevivência em meados de 2019, pelo convite que recebi em Rio Branco (AC) de Gestalt-terapeutas que foram apoio e afeto. Acredito que, enquanto sobrevivi da clínica, ela me trouxe diversas inquietações tanto sobre o meu fazer quanto sobre a teoria. Me lembro de algumas questões que eram constantemente presentes: que intervenção se faz diante de ume adolescente expulse de casa por sua identidade de gênero? A clínica não pode ser reduzida ao consultório e, sozinha, não abarca a complexidade de estar no mundo. Além das questões práticas suscitadas — o que fazer com uma pessoa em situação de vulnerabilidade — que exigem um trabalho em articulação com a Rede de Atenção Psicossocial, no decorrer dos anos chegaram outras questões voltadas para a teoria. Quais as implicações de uma abordagem que considera o campo pensando a partir do solo brasileiro?

Encontramos, na história do Brasil, a escravização de povos da África e a expropriação de terras dos povos originários, processo que foi se reinventando no tear do tempo e assumindo formas contemporâneas para se perpetuar enquanto colonialidade na estrutura capitalista do país (Bento, 2022).

Com base em ideias de superioridade, por meio da violência passaram a ser definidas quais as possibilidades de ser, ou seja, quais corpas eram dignas de vida e, se vivas, de que modo essa vida se daria. Assim como a raça foi uma invenção do colonizador para justificar a violência, desembarcou também em nosso solo a cisgeneridade — existem registros que apontam que os povos originários e povos da África não usavam o gênero como forma de organização social — e se instala violentamente como "natural". Mombaça (2021) diz que a fantasia racial atualizada após o colapso da colônia está exposta nas cidades, por muros, calçadas, cercas... ainda que mascarada, está como ferida viva que pulsa. Vergueiro (2016) descreveu a noção de "ciscolonialidade", entendendo a cisgeneridade como atuante tanto na produção de saber quanto na de ser e poder, articulada com "projetos coloniais branco--europeus racistas e cristãos supremacistas" (p. 48) que operam no campo no intento de legitimar e permitir que algumas vidas — as que se encaixam na norma — sejam dignas de viver e outras não.

Esse processo contribuiu para que um único saber fosse considerado válido, aquele que provinha do homem cisgênero branco europeu. Favero (2020a) descreve como a ausência de literaturas trans e negras na universidade retrata um cenário de epistemicídio, onde pessoas trans são excluídas de espaços de produção de conhecimento. Um fenômeno estrutural que vem sendo debatido por escritoras travestis e transexuais é que falemos de nós por nós e não mais como objeto de pesquisa de pessoas cisgêneras. Esse deslocamento visa que nos apropriemos da possibilidade de falar, restituindo a autonomia sobre nossas corpas. A própria ação de nomeação da norma emerge dos movimentos trans para marcar que corpas entendidas como "naturais" são tão construídas quanto corpas trans.

O modo como corpas hegemônicas se percebem e estabelecem sentidos não passa ileso pela estrutura de poder à qual pertencem. O local de psicoterapeuta é majoritariamente ocupado por pessoas brancas e cisgêneras. Basta uma rápida pesquisa nos dados do último censo da categoria para verificar que apenas 16,5% são pessoas negras na profissão (CFP, 2016).

Quanto à identidade de gênero, não existem dados; subentende-se que todes são cisgêneros. Isso nos informa de um *cis*tema-mundo direcionado pelo olhar da branquitude e da cisgeneridade. Retomando a noção de campo em Gestalt--terapia, podemos considerar que uma psicologia majoritariamente cis-branca assume "lugar de um fundo normativo" (Alvim, 2020, p. 1245). Favero (2020a) aponta que uma perspectiva que se queira crítica à norma precisa considerar que a cisgeneridade, e — acrescento — a branquitude, sustentam teorias psi e a própria clínica. Nesse sentido, ouvi numa palestra de Geni Núñez (2022) que uma das formas de luta contra o *cis*tema, esse fundo normativo, é a denúncia da hegemonia, processo que não está isento de tensões e conflitos.

O CONFLITO COMO FUNDAMENTO NA CLÍNICA GESTÁLTICA

> *O conflito é uma colaboração que vai*
> *além do que se pretende, em direção a*
> *uma figura inteiramente nova.*
> Perls, Hefferline e Goodman, *Gestalt-terapia*

Agora, gostaria de retomar com você os desconfortos que trouxe no meu percurso. É comum que associemos à Gestalt--terapia os conceitos de ajustamento criativo, autorregulação organísmica, aqui e agora, numa perspectiva integradora, considerando exclusivamente que a interrupção no processo de contato provoca situações inacabadas que barram a fluidez da existência. É preciso considerar que as interrupções não se referem exclusivamente aos ajustamentos da pessoa no mundo, como se fossem de uma esfera intrapsíquica, mas dizem respeito à inter-relação pessoa-mundo e às diversas nuances que permeiam esse processo. Essa inter-relação leva as marcas de um fundo histórico-político, como as questões de gênero, sexualidade, raça, classe, entre outros. Nos contornos do neoliberalismo, a inter-relação acaba sendo ofuscada por uma lógica individualizante. Os conceitos passam a ser apropriados por um viés mercadológico, num imperativo de felicidade em que estar presente e autorregulado depende exclusivamente da pessoa. Essa lógica desconsidera como os recursos básicos para uma vida digna são desigualmente distribuídos e quais os impactos disso na saúde mental. Segundo Jiménez e Sanchotene (2022), "trata-se de uma retórica que privilegia a afirmação do desejo individual em detrimento de um *ethos* marcado pela culpa, como era o caso na Modernidade" (p. 3). Nesse *modus operandi*, conflitos são perturbadores da ordem e devem ser evitados.

A precarização da vida e das condições de trabalho que se sustentam por desigualdades apontam para a falaciosa noção de mérito como definidora de sucesso. Um sucesso branco, cisgênero, heterossexual, monogâmico, magro e sem deficiência. Alvim e Castro (2015), ao escreverem sobre uma clínica de situações contemporâneas, nos informam da importância de considerar que os aspectos históricos, políticos e econômicos engendram as formas de subjetivação na cultura. Ainda, quando pensamos o sistema *self* de contato e suas funções id, ego e personalidade, precisamos situá-las num campo histórico-político-social, ao passo que ocorrem em constante interlocução com o mundo, num contexto que está "intrínseco" a ele, "por isso podemos falar de um *self* da situação" (Alvim, 2022, p. 52). O termo *"self* da situação" também vem sendo utilizado por Georges Wollants, Jean-Marie Robine e outros Gestalt-terapeutas contemporâneos (Robine, 2018).

O eu que me faço e de que sou feito emerge do contato em movimento. Contato esse que não acontece sem uma perturbação à ordem, ao fixo, ao tido como conhecido. Butler (1990/2015) nos recorda que há uma matriz de inteligibilidade — pênis = homem; vagina = mulher — perpetrada pela norma para a manutenção de uma perspectiva binária. Favero (2022) aponta que a norma não suporta lidar "com uma identidade que não fecha" (p. 59). E será que as escutas gestálticas suportam o encontro com corpas que denunciam a norma? Ou rapidamente sugerimos uma pacificação do (nosso) desconforto?

Uma das estratégias da norma é reduzir nossa vida a sofrimento, patologizando corpas não hegemônicas, numa perspectiva que associa saúde à cisgeneridade e à heterossexualidade (Leite, 2022). A patologização das identidades trans e travestis se apresenta como forma de controle e tutela de pessoas que percorrem outros caminhos que não os previamente definidos pela norma (Bagagli, 2021). A partir da Gestalt-terapia, podemos compreender o sentido de adoecimento justamente na rigidez, na impossibilidade de abertura e fluidez no processo figura/fundo. Paulo Barros (2022), no texto "Para quem me abro na clínica gestáltica? Um encontro com corpos LGBTQIAP+" nos diz que "várias são as justificativas mecanicistas, racionalistas e dicotômicas para permanecer na repetição [...] por mais que na teoria defendamos uma perspectiva de campo" (p. 347). Por exemplo, quando pensamos em felicidade, que tipo de vida atrelamos a ela? Somos capazes de suportar uma vida que não utiliza as palavras da norma? Que usa outras narrativas para viver?

A pacificação prematura do conflito incorre no tolhimento da singularidade (Alvim, 2022). Ouso dizer que a pacificação prematura do conflito na clínica fere o próprio fundamento da abordagem. Apaziguar o conflito atrás de uma demanda decolonial de linearidade contraria uma vida que acontece em movimento. É na "tensão dialética" (Alvim, 2022, p. 51) do encontro que podemos construir juntes outros caminhos. Isso implica também a nós, nossas corpas, já que a experiência de contato se dá na intercorporeidade.

PHG (1951/1997) descrevem que a função do *self* é formar figuras e fundos, e que, para tal, a destruição é parte do processo. Apoderar-se e alterar formas dadas para dar espaço a novas configurações. Apesar de narrarem um processo que ocorre no sujeito, também apontam esse funcionamento no social. Para eles, a destruição do *status quo* "pode provocar medo, interrupção e ansiedade" na medida em que estamos fixades em uma única forma de ser e estar no mundo. Assim, no intento de barrar o conflito que o encontro com outras formas de existir nos provoca, resultam em "agressão e destruição inconscientes voltadas tanto para fora como para dentro" (p. 47). O apego a uma ideia de "segurança" é, sobretudo, um apego ao conhecido que, como disse anteriormente, é sustentado por um fundo que por vezes é invisível, mas se encontra na estrutura de nossa sociedade. O custo, segundo PHG (1951/1997), é a inibição e dessensibilização motora, uma réplica apática de vida que se apega a "qualquer satisfação absorvente".

Existir é experimentação. Envolve conflito, ansiedade e risco, e o desconforto que emerge desse processo produz novas figuras. Isso inclui assumir também que "se as instituições e os costumes fossem alterados, muitos sintomas recalcitrantes desapareceriam repentinamente" (PHG, 1951/1997, p. 48). A clínica não pode ser mais um lugar que restrinja novas possibilidades, já temos um mundo que faz isso violentamente. Talvez aí haja uma brecha no *cis*tema: o abandono de ideias salvacionistas cis-brancas, para uma abertura às tensões e novidades do encontro.

Conflitos são necessários para a destruição e a formação de novas figuras. Isso consiste em assumir que toda narrativa que o *self* possa ter sobre si é provisória, visto que o conflito não é um "a mais" no processo de contatar, mas o próprio fundamento do contato. A insistência numa perspectiva integradora buscou justamente a contraposição com uma compreensão das pessoas em divisões, em verdades que formulam uma "natureza do caso" como se pessoa e sociedade fossem distintos. PHG (1951/1997) apontam como a ideia de que a pessoa está em conflito com a sociedade é mais uma forma de cisão e, segundo compreendo, mais uma forma de individualizar sofrimentos e desresponsabilizar as normatividades situadas no campo como produtoras de adoecimentos. Dessa forma, o conflito passa a ser evitado ou prematuramente pacificado, pois denuncia as normas presentes no campo. Em vez de nos indignarmos com um mundo que violenta determinadas vidas, tratamos de pensar: "Mas também... precisavam deixar tão explícito? Precisavam se beijar em público?" Imediatamente tratamos de apaziguar e cooperar para a manutenção de um *cis*tema-mundo. O foco da atenção é obstruído, isolado, como se não houvesse uma articulação entre organismo/ambiente, sedimentando uma noção de estabilidade tão cara à norma. Contrariando essa lógica, o que fazemos em Gestalt-terapia é sustentar o conflito e percebê-lo como brecha frente às dicotomias e naturalizações que se apresentam como fixas.

PHG (1951/1997) descrevem a probabilidade de que tenhamos um conflito "irreconciliável" entre uma harmonia social desejada e uma expressão individual também desejada. Arriscam dizer que os conflitos estão presentes na história da humanidade, como condição humana, e, na mesma medida que produzem sofrimento, apontam movimentos para outros caminhos, sendo base para a excitação. Trazendo para essa descrição as questões de raça e gênero, podemos dizer que as ideias supremacistas brancas e cisgêneras operam para a manutenção de uma lógica que inferioriza, patologiza, violenta corpas não hegemônicas, mas sempre existe algo que escapa. Como apontou Mombaça (2021), nossas vidas são estilhaços esparramados pelo chão, que contaminam e denunciam, não de agora, que há outras formas de ser.

A resistência frente à fluidez na corpa e na palavra nos conta de um funcionamento social em que a ocupação está não na abertura para o conflito, mas na incorporação de regras e de uma personalidade "verbalizadora", carregada de monotonia, escassa em afeto e criatividade. Conflitos são importantes, mas nem todos os conflitos de fato estão comprometidos com a destruição de formas para a criação de novas figuras. Há conflitos comprometidos com a reificação de ideias essencialistas. Favero (2022), em seu livro *Psicologia suja*, nos indaga: "Quando vamos parar de perguntar quem é 'homem' ou 'mulher' e passaremos a indagar esse sistema de representações que coagem indivíduos ao exercício da violência?" (p. 56).

Com base em PHG (1951/1997), entendo a manutenção de perguntas binárias, "quem é homem ou mulher?", como uma tentativa de autoconquista do *self*, onde se acredita estar a lidar com os conflitos e, no entanto, se mantém um compromisso com a manutenção infindável de questões dicotômicas, como se nelas houvesse uma verdade a ser alcançada e protegida. O poder opera por ficções, não apenas na linguagem, mas na produção do mundo e na "atualização de seus modos dominantes" (Mombaça, 2021, p. 67). Quando assumimos o risco do interesse pelo conflito e não pela preservação de ficções, nos deparamos com a possibilidade de experimentar nossa singularidade "em lugar de pertencer a uma norma estereotipada" (PHG, 1951/1997, p. 163).

Retomando as primeiras frases deste capítulo, eu me faço na coletividade, na colaboração criativa que é nutrida não por uma demanda de harmonia *a priori* ou pelo atendimento de interesses que não são meus, mas pela possibilidade de discordarmos, com espaço para que nossas discordâncias apareçam (PHG, 1951/1997). O conflito aponta para a destruição, não é mesmo? Quanto mais temos espaço para o conflito, mais nos encontramos com coisas a serem destruídas; e agredir o engessado não é justamente o que incentivamos em nossa clínica gestáltica? Conflitos, "na verdade, são meios do processo de integração do *self*" (PHG, 1997, p. 173).

PHG (1951/1997) afirmam que "a existência de sentido é o mesmo que o excitamento da solução que surge" (p. 173), ou seja, o sentido se faz a partir do conflito — tendo em vista que ele suscita excitamento em demanda por uma nova forma. Mombaça (2021), ao abordar o tema da destruição, aponta que não se trata de uma apologia, mas de uma arriscada implicação em criar outras formas a partir de uma continuada destruição que refunde a "superfície do sentido" (p. 61). A clínica tem a função de "recolocar em contato e em conflito os interesses compartimentalizados, o sexual, o social etc., e confiar no poder integrativo do *self* em seu estilo peculiar, da maneira como se expressa exatamente na vitalidade da neurose." (PHG, 1951/1997, p. 173). A transformação instaurada ao considerar o descentramento de um psiquismo para o campo nos coloca diante da impossibilidade de desarticulação da escuta com os fenômenos histórico-político-econômico-sociais e "atravessa qualquer concepção que temos sobre nós mesmos, apontando para sua permanente mutabilidade" (Leite, 2022, p. 384). Não sei o que acontece enquanto você lê o que escrevi por aqui, assim como não sei o que pode brotar no encontro com ume consulente; não somos detentores de uma verdade e, tampouco, nosso compromisso é com "a" verdade. Que estejamos descompromissades com o estável e abertes à destruição!

SUSTENTAÇÕES CONFLITIVAS FINAIS

Espero que minhas inquietações tenham chegado por aí de forma a encontrar espaço para o diálogo. Considero o conflito como fundamento ético-político para o exercício da clínica gestáltica, contra toda pacificação normativa, pela multiplicidade do que podemos ser! Disse no início que aqui não teríamos uma fórmula sobre como atender corpas não hegemônicas. Penso que a ânsia por atender nossas corpas emerja na tentativa de pacificar o conflito que nossas vidas expõem: a branquitude, a cisgeneridade e a heterossexualidade são ficções violentas que atravessam e estão na base dos campos de produção de conhecimento psi. Nossa teoria não está ilesa, mas apresenta uma abertura pela leitura do *self*, pelo fundo de vivência des autores, pelas mãos *queer* e estrangeiras que se puseram a construir essa abordagem. Situada ao norte do mundo, a Gestalt-terapia carrega lacunas e brechas, mas apontamentos para uma clínica sempre provisória e comprometida com a desavença.

Talvez o ponto não seja, necessariamente, incluir em nossa clínica corpas não hegemônicas, se esse incluir subentende a manutenção de uma lógica colonial de linearidade, de pacificação de nossas vidas conflitantes. Possivelmente o ponto seja mais destrutivo que inclusivo — podemos destruir juntes essas normas? Podemos construir juntes outras formas de estar nesse encontro que não guiades por um pensamento cisheteronormativo?

Deixo para nós um trecho da música "Vida Loka (parte 1)": "tenho a oferecer minha presença. Talvez até confusa, mas real e intensa" (Racionais MC's, 2002). O conflito não nos desbanca, é caminho! Ele destrói apenas uma clínica branca-cisgênera-heterossexual-monogâmica apegada a nosologias, engessamentos e ideias de linearidade. Isso pode ser uma ameaça e também um convite gestáltico, caso você queira sustentar.

REFERÊNCIAS

ALVIM, M. B. *A poética da experiência — Gestalt-terapia, fenomenologia e arte*. Rio de Janeiro: Garamond, 2014.

_____. "Elementos para pensar uma Gestalt-terapia (realmente) crítica e política". In: ALVIM, M; BARROS, P; ALENCAR, S; BRITO, V. (orgs.). *Por uma Gestalt-terapia crítica e política — Relações raciais, gênero, diversidade sexual*. Porto Alegre: Fi, 2022.

ALVIM, M. B. "O estético-político em Merleau-Ponty e a fenomenologia crítica: notas preliminares sobre relações raciais". *Estudos e Pesquisas em Psicologia*, v. 20, n. especial, p. 1232-52, 2020.

ALVIM, M. B; CASTRO, F. G. de. "O que define uma clínica de situações contemporâneas? Apontamentos a partir de J.-P. Sartre e Merleau Ponty". In: *Clínica de situações contemporâneas — Fenomenologia e interdisciplinaridade*. Curitiba: Juruá, 2015.

ANZALDÚA, G. "Falando em línguas: uma carta para as mulheres escritoras do terceiro mundo". *Revista de Estudos Feministas*, Seção Ensaios, v. 8, n. 1, p. 229-36, 2000.

BAGAGLI, B. "Identidades transgêneras e o campo de cuidado com a saúde: uma análise de expressões com viés patologizante". In: STONA, J. (org.). *Relações de gênero e escutas clínicas*. Salvador: Devires, 2021.

BARROS, P. "Para quem me abro a clínica gestáltica? Um encontro com corpos LGBTQIAP+". In: ALVIM, M; BARROS, P; ALENCAR, S; BRITO, V. (orgs.). *Por uma Gestalt-terapia crítica e política — Relações raciais, gênero, diversidade sexual*. Porto Alegre: Fi, 2022.

BENTO, C. *O pacto da branquitude*. São Paulo: Companhia das Letras, 2022.

BUTLER, J. *Problemas de gênero — Feminismo e subversão da identidade*. Tradução de Renato Aguiar. 8. ed. Rio de Janeiro: Civilização Brasileira, 2015. [Original publicado em 1990.]

CFP — Conselho Federal de Psicologia. "Dieese divulga pesquisa sobre a inserção de psicólogos (as) no mercado de trabalho". Conselho Federal de Psicologia. Brasília, 19 ago. 2016. Disponível em <https://site.cfp.org.br/dieese-divulga-pesquisa-sobre-a-insercao-de-psicologosas-no-mercado-de-trabalho/>. Acesso em: 5 jun. 2023.

FAVERO, S. R. "(Des)epistemologizar a clínica: o reconhecimento de uma ciência guiada pelo pensamento cisgênero". *Revista Brasileira de Pesquisa (Auto)biográfica*, v. 5, n. 13, p. 403-18, 28 jun. 2020a.

_____. *Pajubá-terapia — Ensaios sobre a cisnorma*. Porto Alegre: Neemesis, 2020b.

_____. *Psicologia suja*. Salvador: Devires, 2022.

FROM, I; MILLER, M. V. "Introdução à edição do The Gestalt Journal". In: PERLS, F.; HEFFERLINE, R.; GOODMAN, P. *Gestalt-terapia*. São Paulo: Summus, 1997. [Original publicado em 1951.]

JIMÉNEZ, L. A.; SANCHOTENE, N. "Autenticidade e felicidade: tensões entre dois imperativos culturais contemporâneos". *Intercom — Revista Brasileira de Ciências da Comunicação*, São Paulo, v. 45, 2022.

LAURETIS, T. de. "A tecnologia do gênero". In: HOLLANDA, H. (org.). *Tendências e impasses — O feminismo como crítica da cultura*. Rio de Janeiro: Rocco, 1994. p. 206-41. [Original publicado em 1987.]

LEITE, K. "A impossibilidade de neutralidade na clínica gestáltica: por uma Gestalt--terapia contranormativa". In: ALVIM, M; BARROS, P; ALENCAR, S; BRITO, V. (orgs.). *Por uma Gestalt-terapia crítica e política — Relações raciais, gênero, diversidade sexual*. Porto Alegre: Fi, 2022.

Mombaça, J. *Não vão nos matar agora*. Rio.de Janeiro: Cobogó, 2021.

Núñez, G. [sem título]. @genipapos, Instagram, 29 jan. 2021. Disponível em <https://www.instagram.com/p/CKpDdCSH9es/?igshid=YmMyMTA2M2Y=>. Acesso em: 5 jun. 2023.

_____. *Imaginando novos mundos — Roda de diálogo com Abigail Campos Leal e Geni Núñez*. Rio de Janeiro, Festival Revide! Movimentos para imaginar o amanhã, 2022. [Comunicação oral.]

Perls, F.; Hefferline, R.; Goodman, P. *Gestalt-terapia*. São Paulo: Summus, 1997. [Original publicado em 1951.]

Preciado, P. B. *Testo junkie, Sexo, drogas e biopolítica na era farmacopornográfica*. São Paulo: N-1, 2018. [Original publicado em 2008.]

Racionais Mc's. "Vida Loka (parte 1)". In: *Nada como um dia após o outro*. São Paulo: Boogie Naipe, 2002. Disponível em: <https://music.youtube.com/watch?v=LiwDa5rCmYc>. Acesso em: 5 jun. 2023.

Robine, J-M. (org.). *Self — Uma polifonia de Gestalt-terapeutas Contemporâneos*. São Paulo: Escuta, 2018.

Vergueiro, V. *Por inflexões decoloniais de corpos e identidades de gênero inconformes: uma análise autoetnográfica da cisgeneridade como normatividade*. Dissertação (mestrado) — Universidade Federal da Bahia, Salvador, 2016.

Wittig, M. "A categoria sexo". In: *O pensamento hétero e outros ensaios*. Tradução de Maíra Mendes Galvão. Belo Horizonte: Autêntica, 2022. [Original publicado em 1982.]

8.
Manejo de atendimentos emergenciais envolvendo suicídio: a técnica AS MAES

SILVIA ASSUMPÇÃO DO AMARAL TOMANARI

> *Não importa o que fizeram com você,*
> *o que importa é o que você faz com*
> *aquilo que fizeram com você.*
> Sartre, *Saint Genet*

O sofrimento existencial é um dos principais motivadores de tentativas de suicídio. Portanto, é de extrema importância incluir a maneira de lidar com o sofrimento existencial na nossa sociedade. Para isso, quanto mais discussão houver sobre o tema, mais ações podem ser realizadas. Este capítulo tem por objetivo ser mais uma contribuição nesse sentido.

Sobre a prevenção e a posvenção do suicídio, sugiro a leitura de Botega (2015), Fukumitsu (2019a; 2019b), Scavacini (2018a; 2018b), Angerami (1986), e Fukumitsu e Scavacini (2013). Estas últimas descrevem, pela visão da Gestalt-terapia, as características da pessoa que pensa em se matar:

[...] aquele que pensa em se matar demonstra intolerância em relação aos conflitos, inabilidade em lidar com a própria ambivalência querer viver-morrer, rigidez ou constrição de pensamentos, impulsividade, ajustamentos criativos disfuncionais, fluxo de *Gestalten* interrompido, mecanismos defensivos cristalizados, percepção distorcida e fixa, fronteiras de contato extremamente rígidas ou permeáveis, relações pobres ou desvitalizadas, pensamento polarizado, *awareness* reduzida, autossuporte precário, desespero e desesperança de que a situação não será finalizada ou, ainda, a pessoa parece não vislumbrar outra possibilidade de lidar com o sofrimento, sentindo-se presa e sem saída em uma espiral de pensamentos e sentimentos confusos e recorrentes.

[...]

Lilian Meyer Frazão ensina que o suicida é um "atuante no sentido de *acting-out*, pois a pessoa tem contato, mas tem *awareness* de má qualidade. É um contato *acting-out* que leva a uma ação prematura. Dessa maneira, o indivíduo migra da sensação para a ação, sem passar pela percepção, pela mobilização de energia, pela *awareness*". (Fukumitsu e Scavacini, 2013, p.199-200)

Muito se tem escrito sobre a prevenção e posvenção do suicídio, entretanto, não há quase nada escrito sobre a situação envolvendo a tentativa de suicídio em si — quando o sofrimento existencial parece intolerável. Como psicóloga, me angustiava não ter clareza sobre o que fazer se uma pessoa/paciente/cliente/consulente me ligasse dizendo que estava prestes a se matar.

Foi então que, no segundo Festival InFINITO, assisti a uma palestra do major Diógenes Munhoz sobre a Abordagem Técnica a Tentativas de Suicídio (ATTS) do Corpo de Bombeiros do Estado de São Paulo. Fiquei encantada, pois em vez de distrair, agarrar e tirar a pessoa da situação de risco de suicídio ("abordagem tática"), ele desenvolveu uma técnica respeitosa, humanizada e eficiente na qual, por meio da conversa, a própria pessoa optava por desistir. Fiquei ávida para fazer o curso e insisti por uns três anos. Graças ao ofício enviado pela dedicada Leila Tardivo, coordenadora do Projeto Apoiar, do Instituto de Psicologia da Universidade de São Paulo (IPUSP) — do qual sou psicóloga e supervisora há anos —, consegui fazer o treinamento de uma semana na Escola Superior de Bombeiros em dezembro de 2021, me tornando a abordadora número 447.

O curso ATTS foi uma das experiências mais enriquecedoras e desafiadoras da minha vida. Foi uma oportunidade incrível fazer exatamente o mesmo treinamento que os bombeiros, desde as aulas teóricas até as práticas, inclusive usando todos os acessórios deles (roupa antichamas, capacete, mangueira, equipamento para treino de rapel, pular de prédio etc.). Admiro ainda mais esses profissionais, pois percebi como é exaustivo e importante o trabalho que realizam diariamente. Minha sincera gratidão e admiração aos bombeiros, principalmente ao tenente Guilherme Luiz, que foi um exímio coordenador durante o curso.

As partes mais difíceis e importantes do treinamento foram as simulações, baseadas em fatos reais, com atores (bombeiros) que faziam o papel de tentantes (termo usado por eles). Foi abordando uma tentante em uma simulação que ficou claro para mim que a abordagem que utilizamos na clínica **não** funcionava no momento da crise; pelo contrário, poderia até mesmo piorar a situação! Na clínica, incentivamos as pessoas atendidas a entrarem em contato com suas dores, a fim de ajudar na elaboração e na ressignificação de momentos desagradáveis ou traumáticos. Segundo a ATTS, esse contato, no momento da tentativa de suicídio, é fator de risco, que pode contribuir para que o impulso suicida se concretize.

Como resultado do que aprendi nas partes teórica e prática do curso, e utilizando também as informações do livro do major Diógenes (Munhoz, 2019), adaptei a ATTS dos bombeiros à prática clínica realizada por nós, psicólogas/os/es. Minha monografia da formação em Gestalt-terapia pelo Instituto Sedes Sapientiae contempla quase 90 páginas sobre o assunto (Tomanari, 2022). Aqui, deixo uma pequena contribuição. Mas antes gostaria de fazer uma breve observação: daqui para frente, optei por usar os termos "o paciente" e "as psicólogas" apenas para facilitar a escrita (para mim) e deixar o texto mais fluído (para vocês). Por favor, sintam-se todas/os/es contempladas/os/es.

Elaborei a técnica Amorosidade e Sabedoria no Manejo de Atendimentos Emergenciais envolvendo Suicídio (AS MAES) porque há algumas diferenças entre a abordagem dos bombeiros e o manejo no campo da psicologia clínica.

Para citar algumas: diferente do que ocorre com os bombeiros, que são acionados por terceiros, é preciso dizer que em geral é o próprio paciente quem entra em contato com a psicóloga. Isso já é um ponto tranquilizador, pois ele está procurando ajuda: sabe que não está bem e busca a companhia da pessoa que já o atende na possível esperança de sair daquele estado. No entanto, a psicóloga se encontra sozinha e longe fisicamente do paciente, enquanto os bombeiros estão no local e têm uma equipe toda trabalhando junto: conseguem avaliar os riscos e intervir fisicamente, se necessário. Em contrapartida, a psicóloga tem um vínculo com a pessoa e já conhece a história dela; os bombeiros não sabem da história do tentante e precisam conquistar sua confiança. Por outro lado, muitos bombeiros fizeram o curso de abordadores e sabem como agir nessa situação. A psicóloga, apesar de ter muito mais conhecimento sobre a psique, provavelmente não recebeu "treinamento" para lidar com situações de tentativa de suicídio e, mais grave ainda, desconhece como o trabalho que realiza em terapia pode ser prejudicial durante o momento da intenção de suicídio.

Além do mais, o trabalho dos bombeiros é de prontidão, estão sempre a postos para atender a uma ocorrência; já a psicóloga nem sempre estará disponível. Acredito que a disponibilidade, em casos assim, é importante, mas muitas vezes não conseguimos atender prontamente. Eu, por exemplo, aviso de antemão a todos os meus pacientes que nem sempre estou disponível, e peço que deixem recado por WhatsApp, que retornarei na primeira oportunidade. Eles sabem que eu retornarei mesmo, ainda que peça paciência para esperar. Fazemos um combinado de ele acionar sua rede de apoio ou buscar o Centro de Valorização da Vida (CVV), que funciona 24 horas pelo número 188 ou pelo site <www.cvv.org.br>. Além disso, sempre peço aos meus pacientes que deixem o contato de pelo menos uma pessoa de total confiança, e aviso que ela pode ser acionada por mim em caso de risco de suicídio, lembrando que os artigos 9º e 10º do nosso Código de Ética prezam pela confidencialidade, mas também pela vida do paciente. Portanto, podemos quebrar o sigilo quando o próprio pode estar colocando a vida em risco; neste caso, devemos passar somente as informações estritamente necessárias.

Kovács e Zana (2013) escrevem um artigo justamente com reflexões éticas sobre sigilo e postura dos profissionais de psicologia diante de pacientes com ideação ou tentativa de suicídio. As autoras questionam se os posicionamentos relacionados ao suicídio não estariam pautados na lógica dos profissionais de saúde de "salvar a vida a qualquer custo". Finalizam com questões como: "tem o sujeito o direito ao suicídio, preservando sua liberdade e autonomia? E o profissional de saúde, como se posiciona?" (p. 919).

Cabe aqui uma outra questão que para mim é nodal: o direito ao suicídio. Eu tenho um profundo respeito pela pessoa que afirma querer se matar. Só ela sabe a dor que sente e quão intoleráveis são os seus sofrimentos. Ninguém pode dizer por ela. Mas podemos, sim, reconhecer que talvez a pessoa esteja tão desorganizada psiquicamente que não tenha condições de tomar a melhor decisão naquele momento. Vide relatos de sobreviventes que afirmam se arrepender segundos depois da tentativa. E mais: se ela permite uma abertura para conversar antes da ação que terminaria com sua vida, já é um indício de que pode aceitar a ajuda para repensar sua decisão. Portanto, eu invisto todas as minhas forças para auxiliá-la a sair daquele estado e a criar uma nova possibilidade de ser, "apesar de". Apesar de tudo que já passou e está passando. Principalmente quando a pessoa nos procura antes do ato. Ela já está "gritando" que quer ajuda. Sugiro que demos o nosso melhor, mas sempre tendo consciência de que só ela é responsável pela decisão final. Não somos salvadores de ninguém. Somos apoio, somos companhia, somos luz onde só há escuridão, somos o resgate da esperança.

A grande questão é: *como* fazer isso durante a iminência de um suicídio? Posso dizer com absoluta convicção que precisamos partir da amorosidade e da sabedoria. A

Diversidade, violência, sofrimento e inclusão em Gestalt-terapia

amorosidade é uma das marcas dos Gestalt-terapeutas da atualidade. Cardella (1994, p. 59) nos lembra lindamente que "o amor do terapeuta cria a oportunidade para que o potencial de amor do cliente possa ser ativado por ele mesmo". Já a sabedoria consiste em tudo o que aprendemos na nossa vida, seja nas experiências pessoais, seja na formação e no desenvolvimento profissional. E isso inclui a técnica de manejo que veremos a seguir.

Agora você pode entender o nome da técnica: Amorosidade e Sabedoria no Manejo de Atendimentos Emergenciais envolvendo Suicídio (AS MAES). Todo manejo terá sempre por base a amorosidade e a sabedoria, exercendo, assim, um tipo de "função materna" ou, simbolicamente, uma "mãe suficientemente boa", como diria Winnicott; aquela que promove e incentiva o desenvolvimento saudável. Ou, em termos gestálticos, ajustamentos criativos. Sobre o manejo, é importante deixar bem claro que o mérito é todo do major Diógenes, que elaborou a ATTS. O que aprendi como abordadora é a base sólida para as pequenas adaptações que realizei para a técnica AS MAES.

A primeira orientação que deixo é: percebendo que a situação é realmente grave e que a pessoa pode se matar a qualquer momento, acionar imediatamente o Corpo de Bombeiros pelo 193 solicitando um abordador treinado e informando a situação, o endereço e alguns dados da pessoa (idade, gênero, tipo de tentativa de suicídio etc.). Depois, continuar com as orientações da técnica AS MAES até os bombeiros chegarem.

Cada psicóloga deve decidir a hora de contar para o paciente que foi ela que chamou os bombeiros (durante a conversa, na hora que eles chegarem ou depois da finalização da ocorrência). O importante é que a verdade seja dita para manter a relação de confiabilidade. Verdade, sempre!

Muitas vezes, o abordador do Corpo de Bombeiros, juntamente com a equipe, pode ajudar muito mais do que a psicóloga, que não está lá ao lado da pessoa. O importante é que o paciente saia da situação desesperadora sem tentar o suicídio — lembrando que ele nos procurou pedindo ajuda, ou seja, ainda tem esperança de encontrar outra saída. Nosso objetivo nesse momento é somente tentar ajudá-lo a sair da situação e risco de suicídio por si mesmo.

Se a psicóloga sentir que o paciente não está em grande risco de suicídio naquele momento, pode tentar manter a conversa usando a AS MAES, para auxiliá-la a sair daquele estado sem precisar acionar os bombeiros — lembrando que estamos assumindo que cada psicóloga conhece seu paciente, principalmente se trabalham juntos há um bom tempo —, mas, se ela não tiver recebido um bom treinamento, é melhor chamar os bombeiros.

Outra coisa importantíssima que quero deixar registrada aqui é que a AS MAES **não** é um manual ou protocolo que deva ser seguido à risca! Sugiro que as informações apreendidas aqui sejam carinhosamente guardadas na sua "caixinha de ferramentas/recursos" e utilizadas no momento que *você* achar necessário, da *sua* maneira, levando em consideração a *sua* relação com a pessoa atendida, o perfil do *seu* paciente e o *contexto* em que se encontram.

Dito isso, vamos às etapas/sugestões da proposta AS MAES:

Para psicólogas, isso é básico, mas não custa repetir: *Sempre acolher a pessoa sem julgamento, com respeito e empatia.* O mais importante é ouvir *atentamente*.

Ao contrário dos bombeiros, que abordam o tentante sem que este tenha solicitado, nós, psicólogas, recebemos um telefonema da pessoa, pedindo ajuda. O esperado, então, é que o paciente já comece relatando o que está acontecendo. Caso ele tenha dificuldade de se comunicar, ou se nós precisarmos de informações, começamos com perguntas simples.

As **perguntas simples**, para os bombeiros, são perguntas que ajudam a iniciar uma conversa, criar um vínculo e obter informações básicas. Nós, psicólogas, podemos usá-las para ajudar na conversa e, principalmente, para avaliar o risco e ter informações para passar para a rede de apoio ou o corpo de bombeiros. Em seguida, podemos introduzir **perguntas complexas**.

Alguns exemplos de perguntas simples:

- Você está em casa? Onde você está?
- Você está sozinho? Entrou em contato com mais alguém? Com quem?
- Desde que horas está assim?
- Fez uso de algum remédio, álcool ou droga?

Alguns exemplos de perguntas complexas:

- Eu estou aqui com você. O que gostaria de me contar?
- Você consegue localizar o que desencadeou a situação em que está agora?

As perguntas podem ajudar a identificar o **fator principal** (que motivou a tentativa de suicídio), os **fatores de risco** (que podem desestruturar a pessoa e motivar a tentativa em si) e os **fatores de proteção** (que são os que "prendem" a pessoa à vida).

Como em geral já conhecemos bem o paciente, temos uma ideia dos fatores de risco e de proteção, e devemos nos centrar sempre somente nos fatores de proteção, pois o objetivo é ajudá-lo a encontrar novas saídas, ter *esperança* e desistir do suicídio por si mesmo.

Só depois de ter bem claro o fator principal (que motivou a tentativa) e os fatores de proteção, nos centramos nestes últimos, fazendo perguntas sobre situações semelhantes do passado (para que o próprio paciente perceba que tem solução) ou perguntando sobre possibilidades futuras (para que ele vislumbre uma saída e tenha esperança). Essa é a técnica da **maiêutica socrática** ou **diálogo maiêutico** (muito utilizado na prática clínica da área da psicologia).

Em seu livro *Diálogo maiêutico e psicoterapia existencial*, Rúdio (1998) explica em detalhes o diálogo proposto por Sócrates, no qual uma questão é enunciada em forma de pergunta. A maiêutica consiste em ajudar o interlocutor a fazer, com a inteligência, uma busca para solucioná-la. O filósofo buscava, assim, provocar o "parto nas almas", o nascimento de uma nova pessoa.

Como cada caso é único, ficaria muito difícil colocar muitos exemplos de diálogo maiêutico aqui. O importante é detectar o fator principal para elaborar as perguntas com relação a isso. Por exemplo: se o fator é a perda do emprego, pode-se fazer perguntas como: "Lembro de uma vez que você comentou que tinha um emprego e foi mandado embora. Como foi mesmo isso? O que aconteceu depois?" Ou perguntas semelhantes, que façam a pessoa perceber que essa situação tem solução, pois já teve no passado.

Mais perguntas para deixar na manga: "A sua morte vai recuperar ou substituir a sua perda? Se você tem esperança de que morrer vai ser melhor, por que não ter esperança de que viver também pode ser melhor?"

Mais exemplos de perguntas para o diálogo maiêutico é apostar nos fatores de proteção, como os filhos: "Onde estão seus filhos? Eles sentem a sua falta? Quem vai cuidar deles? Como ficarão se perderem você?" (Essas perguntas valem somente se os filhos não forem fator de risco, mas eles costumam ser grandes fatores de proteção.) A mesma pergunta pode ser feita sobre pais, avós, amigos próximos, namorados e até animais (se forem fatores de proteção). Porém, é importante avaliar muito bem cada caso antes de usar esse tipo de argumento pois, como comentou Karina Okajima Fukumitsu em uma roda de conversa com as psicólogas do Apoiar, também há o risco, por exemplo, de a pessoa decidir matar os filhos para que eles não sofram.

Por isso, tenha sempre em mente quais são realmente os fatores de proteção para a pessoa que você está atendendo. E, em uma situação de crise, centre-se apenas nesses fatores. Os fatores de risco podem ser elaborados depois, em psicoterapia, quando o paciente estiver totalmente fora da crise suicida. Mais uma vez: na crise, foque somente os fatores de proteção.

O contato com o traumático em um momento de crise só potencializa a crise, prejudicando muito a autorregulação da pessoa e levando-a para a polaridade do morrer. Nessas situações, precisamos ser o heterossuporte do paciente, ajudando na promoção da sua autorregulação para caminhar para a polaridade oposta, do viver. Para isso, precisamos ajudá-lo a enxergar outras saídas. A maiêutica é uma das ferramentas que podemos utilizar para promover sua autorregulação, pois a pessoa se percebe encontrando as saídas por si mesma.

Isso tem muito a ver com uma reflexão antiga minha: de que o sentimento de impotência causa o adoecimento, e o sentimento de potência promove a autorregulação e o crescimento. Em um texto escrito em 1941 sob o título "A observação de bebês em uma situação estabelecida", Winnicott (1993) relata o "jogo da espátula", na qual pega uma espátula de língua e a faz vibrar para ver o que os bebês fazem. O autor relata as três fases: primeiro, a hesitação (pegar ou não o objeto); depois, a brincadeira com a espátula; e, por fim, o estado de deixá-la de lado. O que me chamou a atenção foi o fato de ele perceber que bebês que sentiam impedimentos internos na primeira fase (de hesitação) desenvolviam quadros psicossomáticos na hora, por exemplo, asma. E, depois que passavam por todas as etapas por si mesmos, deixavam de apresentar os sintomas que tinham antes. Winnicott usava essa atividade para tratar doenças psicossomáticas em bebês.

Nesse texto, o autor não discute, diretamente, os sentimentos de potência e impotência, mas foi a partir dessa leitura que eu os inferi e passei a observá-los em meus pacientes e nos casos relatados por colegas. Comecei a perceber que pacientes que não tomavam as rédeas da própria vida e colocavam a ação na mão de outros eram os que mais "adoeciam" psiquicamente e, em alguns casos, até fisicamente. Foi trabalhando a responsabilização e a potência deles que eu comecei a perceber melhoras em vários campos de suas vidas.

Não é à toa que, quando fui estudar a maiêutica, me apaixonei, pois o objetivo é ser apenas um facilitador para que a pessoa possa "parir" a si mesma e dirigir a própria vida, tomando as decisões por conta própria. Então, mais uma vez, na crise suicida, devemos ajudar o paciente a perceber suas potencialidades e usar seus próprios recursos. Isso gera a autorregulação, que levará à possibilidade de contar com seu autossuporte.

Carla Poppa (2018) enfatiza que o psicoterapeuta deve ter autossuporte para servir de heterossuporte para os pacientes, para que estes desenvolvam seu próprio autossuporte e constituam seu *self*. Espero que as reflexões deste capítulo tragam, também, maior segurança às psicólogas, para que lidem com situações de iminência de suicídio por meio do fornecimento de informações e orientações para tal manejo.

Gostaria, neste momento, de discorrer um pouco mais sobre o tema "crise". Segundo Rúdio (1998), a crise aparece como um "golpe" que abala o indivíduo, tirando-o da tranquilidade real (ou fictícia) em que se encontrava. Na linguagem gestáltica, dizemos que afeta a homeostase, desequilibrando a autorregulação organísmica. Para o autor, a crise produz uma inquietude de alma, um sentimento de impotência e inaptidão diante da dificuldade que gera um mal-estar, que pode chegar até ao desespero, aumentando a angústia.

Por outro lado, as crises são necessárias para o desenvolvimento. Para Rúdio (1998, p. 116), "as 'crises' são úteis porque, colocando o indivíduo em situação embaraçosa e desconfortável, servem para 'impulsioná-lo' a fazer novas escolhas e tomar novas decisões que possam conduzi-lo a um reinício de vida mais construtiva". Concordo. Entretanto, quando as crises são demasiadamente intensas (crise aguda), as decisões que a pessoa toma podem ser em direção ao suicídio. Por isso, nesses casos, precisamos tirar o paciente do risco e deixar para trabalhar a crise (moderada) depois, em consultório.

As crises exigem criatividade para serem vencidas, ou seja, exigem ajustamentos criativos. A maiêutica socrática é uma das formas de ajudar o paciente a aprender, por si, a vivenciar a situação de forma diferente.

A "paráfrase resumida" e a "memória linkada" também são ferramentas sugeridas na ATTS. Basicamente, a paráfrase resumida se refere a fazer um resumo da situação da pessoa (podendo citar brevemente o fator principal, mas evitando fatores de risco), com o propósito de auxiliá-la a sair da confusão mental em que se encontra e usar a lógica por meio da maiêutica socrática. A memória linkada é uma estratégia de associar uma memória positiva à pessoa e fazê-la entrar em contato com situações positivas do passado, que a ajudarão no desejo de continuar viva no presente.

A "teia de indução" e a "desistência impositiva", outras ferramentas sugeridas na ATTS, também podem ser usadas com nossos pacientes, mas muitas vezes nem precisamos chegar a isso, porque esperamos que as técnicas anteriores já tenham surtido efeito. Elas estariam entre as últimas etapas do processo. A teia de indução seria dar duas ou três opções para que o paciente escolha uma. A finalidade de oferecer essas opções é levar o indivíduo a desistir do suicídio; por exemplo, "você prefere esperar os bombeiros/SAMU deitado no sofá da sala [longe da varanda, caso o risco for de se jogar], no apartamento do vizinho ou na portaria do prédio?" Com relação à desistência impositiva, na verdade, entendo que nada mais é que reforçar a decisão do paciente, de ter desistido do suicídio, com frases como: "estou orgulhosa de você, obrigada por confiar em mim"; "agora vamos continuar juntos para elaborar melhor o que aconteceu aqui hoje"; "que bom que você desistiu, assim que der vou te encontrar para dar um abraço bem forte". Ou algo nessa linha.

Há uma sugestão que eu gostaria de deixar aqui, mas não tenho como precisar o momento adequado. Cada psicóloga deve ter isso em mente e propor na hora que achar mais conveniente e seguro. A sugestão é: tentar convencer a pessoa a se afastar do método potencialmente letal (faca, precipício, varanda, veneno, remédio, arma, material inflamável, corda, o que for). Digo "afastar" porque, se pedirmos, por exemplo, para tirar a forca do lustre, o fato de ela entrar em contato com a forca pode desencadear o impulso de se enforcar. Então, o melhor é pedir que a pessoa se afaste da fonte de risco, e isso só deve ser feito depois que ela estiver mais calma, pois, se tentarmos logo de início, é provável que se recuse.

Outro aspecto que considero importante salientar no diálogo com o nosso paciente que está em situação de tentativa de suicídio tem a ver com a linda reflexão de Gilberto Safra em uma palestra proferida em 2018, de que "a pessoa se mata pela *perda da esperança* de poder ter alguma vida que seja significativa no mundo sem sentido" e vê no suicídio a "possibilidade de ser guardado na memória e no coração do outro, nem que seja pela dimensão trágica. Pois o ser humano só acontece ao lado, em companhia e dentro do outro".

Sobre o trabalho em psicoterapia, Safra afirma ainda que o "terapeuta deve ser o guardião do seu futuro, dos seus sonhos". Ele coloca o terapeuta como uma experiência de "comunidade de destino", por sua disponibilidade para restaurar o espírito comunitário de pertencimento, trabalhando a recuperação da história e do sonho compartilhado.

Penso que uma pergunta que podemos fazer a um paciente na hora da crise suicida é: "E o *nosso* sonho?"

Essa pergunta, ao mesmo tempo que leva o paciente a lembrar dos sonhos de vida que em algum momento comentou conosco, também dá o senso de comunidade tão importante para todos nós (em especial para os adolescentes que precisam muito se sentir pertencentes a um grupo — ainda que esse grupo seja só a terapeuta e ele). E o sonho do nosso paciente também é nosso. A gente desenvolve um carinho enorme por cada pessoa que atendemos, nos preocupamos com elas, levamos o caso para além da sessão, seja refletindo sobre ele, procurando informações ou instrumentos para ajudá-las, seja levando para uma supervisão. Levamos para a vida. Então, o sonho é nosso!

A possibilidade de pertencimento a um grupo/comunidade é tranquilizadora para os seres humanos. Por esse motivo, a relação terapêutica deve ser de muito acolhimento e disponibilidade para que o paciente se sinta acompanhado, pertencente.

Para exemplificar a importância da psicóloga como "comunidade de destino" para o paciente em crise suicida, apresentarei o caso de um atendimento de uma mulher transgênero pelo Projeto Apoiar Online (IPUSP). O conhecimento adquirido na ATTS me ajudou a lidar com a situação, e essa experiência me auxiliou a elaborar a técnica AS MAES.

CASO CAROL (NOME FICTÍCIO)

Em sua ficha de inscrição, Carol assinalou quase todas as opções sobre o motivo de procurar ajuda: depressão, tristeza, desânimo, angústia, falta de sentido na vida, pensamentos suicidas, conflitos familiares, nos relacionamentos, violência doméstica, transfobia e transgeneralidade. E escreveu: "sofro muito em casa, e recentemente uma namorada minha tentou se matar duas vezes e perdi o contato com ela. Tendo uma história similar à minha, vi nela um espelho da minha vida". Na questão "O que você espera desses atendimentos no projeto?", respondeu "nada".

Pela queixa na ficha, já dava para perceber sua desesperança. Ela estava em grande sofrimento e parecia não acreditar em uma melhora. Paradoxalmente, pediu ajuda. Marcamos a primeira sessão on-line. Era uma jovem de 20 e tantos anos, falava devagar, estava em seu quarto, com fone de ouvido, em um ambiente escuro. Suas primeiras frases foram algo como:

Sou difícil com terapia. Não acredito que a terapia ajude. Não ajuda em nada. Já passei por várias. Vou te explicar. Remédio não ajuda pessoas com trauma. Psiquiatria só muda a química do cérebro, não traz a mãe de alguém de volta. Tô num período depressivo muito complicado. Tô com ideação suicida novamente. Tive isso a vida inteira e tentei me matar três vezes. Principalmente por ser uma pessoa trans. Sofri muito na vida. Sou uma pessoa que não tem oportunidade. Nunca recebi os hormônios, que é um direito meu que não é respeitado. Minha mãe é muito preconceituosa, dependente química. Meu pai cancelou meu plano de saúde e me deu outro menor, foi falta de consideração. Nunca consegui emprego, sempre tive depressão, transicionei muito tarde.

Depois, relatou dificuldades que teve nos atendimentos, valores absurdos dos tratamentos e cirurgias. Em seguida, contou sobre o relacionamento que tinha com uma menina que estava no comecinho da transição e que foi expulsa de casa duas vezes. "A gente se apaixonou. E eu virei a mamãe que ela nunca teve. Eu também não tenho". Relatou que no mês anterior ela sumiu, não respondia às mensagens, e ficou sabendo por amigos que ela havia tentado se matar e havia sido internada em um hospital psiquiátrico. Desabafou: "Eu estava lá para dar uma força para ela, dizendo que as coisas iam dar certo, mas no fundo nem eu acredito. Tô numa crise f* de depressão. Não tenho como falar com ela".

Ainda no primeiro atendimento, afirmou que foi negligenciada na infância, falou da descoberta da transgeneralidade, contou sua história de vida, com dificuldades, falta de amorosidade e preconceito da família (exceto do irmão). "Fui sair do armário com 23 anos porque eu ia me matar. Meu pai tentou me bater, mas eu segurei ele. Minha mãe também começava a me bater, mas é pequena, eu revidava." Contou outras situações em que se sentiu desrespeitada, humilhada, xingada. Disse precisar morar com a mãe por não ter renda. "Estou sem pilares", desabafou, "e com ideação suicida espelhada pela namorada".

Como a proposta do projeto é de psicoterapia breve, trabalhamos o luto pela namorada que não dava notícias, ressignificações sobre a mãe abusiva, acolhimento de sua questão da transgeneralidade e, paralelamente, trabalhei com a rede de apoio do pessoal do TranSUS para que ela pudesse ser atendida em uma unidade que conseguisse acolhê-la e oferecer os hormônios que estava necessitando. No final, Carol ficou espantada por conseguir os medicamentos e um acompanhamento respeitoso.

Nos atendimentos, seguimos trabalhando sua potencialidade como pessoa e profissional. Nesse meio tempo, ela conheceu outra garota e, quase no mesmo momento, a ex--namorada entrou em contato e ela conseguiu entender o que aconteceu. Por ter fechado a Gestalt antiga e estar animada com a nova relação, ela mesma sugeriu terminar a terapia porque a demanda para lidar com o término da outra relação já estava resolvida. Fizemos a sessão de fechamento no final de 2021.

A TENTATIVA E O MANEJO

No início de 2022, ela me enviou um WhatsApp dizendo que estava "absurdamente mal" e me pediu ajuda. Eu estava dirigindo, chegando no consultório para um atendimento presencial, e perguntei se ela aguentaria esperar até as 19 horas. Disse que sim.

Assim que retornei para casa, abri uma sala para um atendimento por vídeo. Ela estava abatida e, ao fundo, havia um fio ou corda com nó em forma de forca, que ela fez questão de me mostrar. Relatou que a atual namorada terminou com ela (fator principal) e começou a falar dessa dor:

Ela terminou comigo porque eu me dei 100 por cento. [...] Os meus objetivos de vida não existem, não vou conseguir fazer cirurgias [fatores de risco]. Meu humor estabilizou na hora que eu comecei a namorar com ela. O que uma pessoa quebrada como eu faz? Viver pelos outros. Dedico o meu tempo e esforço para as pessoas que amo. Meu sonho é ter alguém [fator de proteção]. Quando comecei a namorar ela, ela virou meu sonho, eu planejei tudo, eu fiz tudo, eu fiz tudo. Agora começo com pensamento obsessivo, eu fico só pensando nela. Estou há dois dias sem dormir, não como, só choro, vomitei um monte de vezes. [...] Me cortei pra sentir como é [mostra o corte no braço]. Eu sei que quando corta de verdade demora cinco minutos pra morrer, vou passar frio, pensar no meu irmão [fator de proteção]. Eu quero morrer. Minha vida tá parecendo um terror que não vai acabar. [...] Ela está flertando com outra pessoa [fator de risco]. A questão que mais me pega é ter que largar meu sonho mais uma vez. Minha vida está sendo um pesadelo. [...] A última vez que vomitei foi porque tentei me matar de novo, eu estava falando com ela, coloquei aquela forca ali de um jeito que é só sentar e... Eu cheguei muito perto, se ela não tivesse ligado eu teria ido embora, a visão ficou preta, na hora que ela ligou eu tirei e vomitei involuntariamente. Eu avisei minha família; meu irmão [fator de proteção] está voltando de viagem.

Até esse momento, eu praticamente só fiquei ouvindo e acolhendo, com **amorosidade**. Ela me procurou porque estava com medo de se desestruturar ainda mais e tentar o suicídio novamente. Eu me mantive *calma*. O risco de suicídio (a forca) estava logo atrás dela. Mas ela pedia ajuda e eu me sentia instrumentalizada para lidar com aquilo depois do treinamento ATTS. Usei a **sabedoria** que aprendi no curso. Primeiro ouvir, ouvir e ouvir. Depois de ouvir bastante, fiz um resumo do que ela tinha me trazido, as razões de ela estar tentando suicídio, porque a namorada tinha terminado com ela (paráfrase resumida) e, delicadamente, comentei algo de como sua carência a fazia aceitar qualquer relação e se dedicar demasiadamente; e que ela era uma pessoa cheia de amor para dar, cheia de potencialidades e que tinha pessoas que se preocupavam com ela, queriam o seu bem, como o irmão que estava voltando de viagem para ficar com ela (fatores de proteção).

Ela, então, contou de um amigo que ajudou e se emocionou com seu lado de ajudar os outros (fator de proteção). Fui focando seus fatores de proteção e suas potencialidades/qualidades cada vez que ela começava a entrar no ciclo de perda de esperança. Mencionei os amigos que ela ajuda, sua generosidade, amorosidade e inteligência. Ela rebateu: "mas essas qualidades não foram o suficiente para segurar essa relação. Eu cansei de sofrer sempre do mesmo jeito e de forma injusta". Como ela voltou para o fator de risco, eu, deliberadamente, trouxe o maior fator de proteção que tinha guardado na manga. Falei: "Pense no seu irmão, que te ama, está super preocupado com você e está vindo te acolher". *Nesse momento* ela começou a mudar. Pela primeira vez, recebi uma palavra de carinho dela, que disse: "Você sempre foi minha melhor amiga". Me emocionei, pois Carol sempre fez questão de se manter distante de mim. Eu respeitava o distanciamento e continuava tratando-a com toda amorosidade e atenção. Tinha muito claro para mim que as pessoas mais difíceis de lidar são, também, as que mais precisam de ajuda. E ela continuou: "Você me lembrou uma coisa bonita", e relatou uma entrevista de emprego em que o entrevistador falou que ela era uma mulher que não causaria constrangimento no ambiente. "Foi um momento de validação, cruel, mas ele validou eu não parecer trans". Também comentou do avô, que falou que ela era muito inteligente. Foi lembrando de situações boas (memória linkada). Foi ficando mais calma e verbalizou o que precisava: "O que tô precisando neste momento não é só empatia, mas um pouco de clareza quanto ao que fazer e focar, só penso em tentar recuperar o relacionamento, e quando ela não me quer eu quero me matar". Então perguntei se era esse tipo de relacionamento que ela queria, e ela disse que não. Eu contei alguma coisa da minha vida pessoal e ela prestou bastante atenção, senti que nos aproximamos um pouco mais. Um pouco depois, falou como estava se sentindo mal e combinamos de ela fazer algo bom até o irmão chegar. Nesse momento, ela me pediu para retornar com as sessões semanais pelo projeto, e eu concordei.

No final, ela estava mais calma e mais estruturada. Isso me deu segurança para combinar com ela que eu que sairia para dar a supervisão do projeto das 21 às 23 horas, mas voltaria depois. Enquanto isso, ela ficaria conversando com um amigo e, se tivesse qualquer urgência, me ligaria. O irmão, que estava no Rio de Janeiro, já estava se preparando para pegar algum voo para São Paulo e se encontrar com ela.

Terminada a supervisão, perguntei por WhatsApp se o irmão havia chegado, e ela disse que ele demoraria cerca de mais uma hora, e que estava "exausta, ansiosa, obsessiva" e tinha vomitado de novo. Disse que não tinha companhia até o irmão chegar, que não estava conseguindo raciocinar e estava em um "estresse absurdo". Combinamos que eu ficaria com ela, na sala por vídeo, até que ele chegasse. Ficamos mais uma hora juntas. Ela trazia um fator de risco, eu devolvia um fator de proteção. Um dos princípios da Gestalt-terapia é a questão da polaridade. Quando uma pessoa está rígida em uma polaridade, nós apresentamos a polaridade oposta. E isso ajuda na integração e na fluidez *entre* as polaridades, sem fixar em nenhuma.

Como ela estava sem dormir e com risco de suicídio, quando faltava pouco para que o irmão chegasse eu falei da importância de que fossem para um pronto-socorro e que a orientação era uma internação. Para minha surpresa, ela recebeu bem. Quando o irmão chegou, pedi que conversássemos os três. Combinamos que ele a levaria ao pronto-socorro para que ela pelo menos conseguisse dormir, e conversamos sobre uma possível internação. Ela disse: "não quero ser internada porque acho que consegui um emprego"; apontei para ela que o que disse mostrava que tinha planos para o futuro (o emprego): ela queria viver. Então ela disse que não descartava a possibilidade de se internar. Estava finalmente aberta para se cuidar mais. O irmão disse que voltou de viagem porque percebeu que ela não poderia ficar sozinha, e se dispôs a levá-la para a casa dele depois do hospital. Peguei seu telefone e nos falamos no dia seguinte.

Voltei a atender Carol semanalmente. Ela decidiu não se internar, mas seguiu em terapia sem faltar. Durante o processo de terapia, desapareceram os pensamentos de se matar, e a vida estava caminhando. Decidimos, juntas, finalizar em dezembro do mesmo ano.

DISCUSSÃO

O caso citado anteriormente não foi, nem de longe, como as ocorrências dos bombeiros, com toda a tensão e a equipe. Além disso, a paciente me chamou. Chamou depois de ter tentado se matar um pouco antes. Chamou porque não confiava nela mesma naquele momento de crise e queria ser protegida de si para não tentar novamente. Confesso que tive, sim, medo de perdê-la, sobretudo pelo histórico dela e de um campo que reverberava outras tentativas de suicídio. Tive medo de que

Carol entrasse num estado de crise e desespero sem volta, saindo da cadeira e indo se enforcar na minha frente sem que eu pudesse fazer absolutamente nada. Mas *confiei na nossa relação*. Confiei no pedido de ajuda dela; confiei na sabedoria que o curso ATTS me deu; confiei na minha amorosidade irrestrita; confiei que, mesmo sem prática e com a lembrança de tudo que aprendi no curso, daria conta; e, principalmente, confiei e me apoiei no fato de que, se o pior acontecesse, *a única responsável pela morte dela seria ela mesma, não eu*.

Pensando sobre o episódio com Carol, vi que algumas das coisas que aprendi com os bombeiros eu não utilizei no atendimento emergencial, a começar pela maiêutica. Por isso, me pareceu importante tentar organizar os aspectos relevantes durante esse tipo de atendimento. Por outro lado, ficou evidente que o principal é manter a calma, escutar, acolher com muita amorosidade e sem julgamento, não mencionar fatores de risco e, principalmente, centrar-se nos fatores de proteção. Se você guardar apenas isso, já será um ótimo começo.

Achei relevante divulgar para você, colega psi, pontos importantes durante um manejo de atendimento emergencial envolvendo suicídio, mas gostaria de ressaltar que ninguém sabe mais da relação com os seus pacientes do que você. Confie na sua sabedoria, na sua intuição (ou que nome quiser dar) e fique calma. A calma... acalma.

Procuremos ser a calma que acalma, a amorosidade que acalenta, a sabedoria que vislumbra caminhos. Uma relação terapêutica positiva é, também, um potente fator de proteção.

Uma última reflexão que gostaria de abordar brevemente aqui é a discussão sobre o *contato*. A Gestalt-terapia é conhecida por ser uma terapia de contato, *vide* o livro de Ginger e

Ginger (1995). Nossa abordagem busca promover o contato. O tema nos é tão caro que vários Gestalt-terapeutas teorizam sobre ele. Recomendo: Ribeiro (1997), Pinto (2015), Casarin (2008) e Silveira e Peixoto (2012).

Zinker (2007) sintetizou o **ciclo do contato** de forma didática. Para exemplificar, podemos dizer que o ciclo se inicia em um estado de **retração** do contato, um relaxamento. Aí aparece uma **necessidade** concomitante a uma **sensação** física, um certo desconforto. Algo emerge, mas sem um nome, sem uma identificação clara. Depois, há uma **percepção** (*awareness*) de que parte do corpo está desconfortável (por exemplo, a boca está seca). Então a pessoa percebe que é sede e há uma **mobilização de energia** para escolher a melhor forma de satisfazer a necessidade de se hidratar. A pessoa analisa que recursos tem disponíveis para matar a sede e decide por alguma estratégia (através de ajustamento criativo). Na sequência, parte para a **ação** em si (por exemplo, buscar água) e, finalmente, se entrega ao **contato,** se entrega à experiência que pode satisfazer sua necessidade (bebendo água). Nesse momento, há certo equilíbrio, ocorre uma regulação no organismo, a homeostase é atingida e há a **retração** do contato, um relaxamento, até nova necessidade emergir e o ciclo se repetir.

Esse seria o ajustamento criativo funcional. Entretanto, nem sempre é assim. E aqui vamos falar da **crise suicida.**

Apesar das controvérsias entre Gestalt-terapeutas, em geral o contato é visto como a interação entre uma pessoa e seu meio. Em situações funcionais, a pessoa se afasta do que é tóxico e se aproxima do que é nutritivo. Entretanto, penso que, numa situação de **crise suicida,** a pessoa não consegue se afastar do que é tóxico. Ela provavelmente permanece fixada em seus próprios pensamentos negativos, lembranças traumáticas, falta de esperança, raciocínio impulsivo e não racional — que gera muita agonia. Isso promove uma desregulação interna tão intensa que ela não enxerga uma saída e pode acabar vislumbrando o suicídio por acreditar que seja a única forma de cessar seu extremo mal-estar.

Em situação de crise suicida, o **ciclo do contato** pode ser interrompido em várias fases. Há os que têm um pensamento tão enrijecido que nem mobilizam a energia para algo positivo para si mesmos. Outros mobilizam energia de forma disfuncional. Mas detalharei aqui, para exemplificar, quando o ciclo é interrompido na **fase da percepção** (*awareness*).

Na **fase da percepção** (*awareness*) a pessoa em crise suicida está aparentemente mais consciente, raciocina com certa lógica, mas só vê pontos negativos. É nesse momento que entra a intervenção dos bombeiros ou das psicólogas. O objetivo é ajudar a pessoa a ter percepções positivas para que possa mobilizar energia *não* para a tentativa, mas para a desistência (ajustamento criativo em prol da sua sobrevivência) e, assim, entrar em contato com a vida e não com a morte.

Resumindo, nosso trabalho como psicólogas em uma situação de crise suicida, envolvendo intenção iminente de suicídio, está em nos apresentar disponíveis, com amorosidade, calma, sabedoria e compaixão, ajudando o paciente a sair do estado agônico, ouvindo com atenção e devolvendo o que entendeu nomeando brevemente a dor dele (uso de paráfrase resumida com o fator principal, por exemplo), como: sentimento de culpa, solidão, rejeição, abandono e, rapidamente, ajudá-lo a perceber também aspectos *positivos* (através da

Diversidade, violência, sofrimento e inclusão em Gestalt-terapia

maiêutica socrática, por exemplo, focando os *fatores de proteção* e nunca citando os fatores de risco) para uma **mobilização de energia** que contribua para um ajustamento criativo funcional em direção a uma **ação** de desistência do suicídio, promovendo um novo **contato** com a vida, desta vez juntamente com uma rede de apoio, por meio de acompanhamento psicoterápico, psiquiátrico, familiar etc.

Mais uma vez, vale ressaltar que o nosso objetivo como Gestalt-terapeutas, normalmente, é fortalecer o contato e a *awareness*. Entretanto, também temos que ter sensibilidade para perceber em qual momento devemos promover um contato com algumas dores e em qual devemos evitá-lo. Durante a tentativa de suicídio, a pessoa está já concentrada/focada/fixada em sua dor e na "resolução" por meio de sua morte. A proposta, então, é ajudá-la a se concentrar no contato com as potencialidades, os fatores de proteção e a esperança, promovendo uma abertura e ampliando as possibilidades de enfrentamento. E, a meu ver, devemos proporcionar isso com muita amorosidade e sabedoria.

Enfim, há muito mais a refletir, discutir e ampliar sobre a questão do manejo em situação de suicídio. Espero, inclusive, que este texto motive outras pessoas a aprofundarem essas reflexões. Quem sabe você possa ser uma delas. O primordial, neste momento, é estar *aware* da importância de incluir o sofrimento psíquico e existencial não só nas situações de emergência, mas em nossa prática diária (profissional e pessoal) e na nossa vida compartilhada, nesta sociedade que tanto necessita amorosidade, sabedoria e acolhimento às diferenças.

REFERÊNCIAS

Angerami, V. A. *Suicídio — Uma alternativa à vida, uma visão clínica-existencial*. São Paulo: Traço, 1986.

Botega, N. J. *Crise suicida — Avaliação e manejo*. Porto Alegre: Artmed, 2015.

Cardella. B. H. P. *O amor na relação terapêutica — Uma visão gestáltica*. São Paulo: Summus, 1994.

Casarin, D. *Contato*. Rio de Janeiro: Revinter, 2008.

Fukumitsu, K. O. *Programa RAISE — Gerenciamento de crises, prevenção e posvenção do suicídio em escolas*. São Paulo: Phorte, 2019a.

_____. *Suicídio e Gestalt-terapia*. São Paulo: Lobo, 2019b.

Fukumitsu, K. O.; Scavacini, K. "Suicídio em manejo psicoterapêutico em situações de crise: uma abordagem gestáltica". *Phenomenologial Studies — Revista da Abordagem Gestáltica*, v. 19, n. 2, p. 198-204, dez. 2013.

Ginger S.; Ginger. A. *Gestalt — Uma terapia do contato*. São Paulo: Summus, 1995.

Kovács, M. J.; Zana, A. R. O. "O Psicólogo e o atendimento a pacientes com ideação ou tentativa de suicídio". *Estudos e Pesquisas em Psicologia*, v. 13, n. 3, p. 897--921, 2013.

Munhoz, D. M. *Abordagem Técnica a Tentativas de Suicídio*. São Paulo: Authentic Fire, 2019.

Pinto, E. B. *Elementos para uma compreensão diagnóstica em psicoterapia — O ciclo de contato e os modos de ser*. São Paulo: Summus, 2015.

Poppa, C. C. *O suporte para o contato — Gestalt e infância*. São Paulo: Summus, 2018.

Ribeiro, J. P. *O ciclo do contato — Temas básicos na abordagem gestáltica*. São Paulo: Summus, 1997.

Rúdio, F. V. *Diálogo maiêutico e psicoterapia existencial*. São José dos Campos: Novos Horizontes, 1998.

Safra, G. *Modalidades psicopatológicas do adolescente e jovem na atualidade*. Palestra ministrada na Universidade Paulista (UNIP), São Paulo, 12 maio 2018. [Transcrição cedida pelo autor.]

Sartre, J.-P. *Saint Genet — Comédien et martyr*. Paris: Gallimard, 1952. [Ed. bras.: *Saint Genet — Ator e mártir*. Petrópolis: Vozes, 2002.]

Scavacini, K. (org.). *Histórias de sobreviventes do suicídio*. São Paulo: Instituto Vita Alere, Benjamin Editorial, 2018a.

_____. *O suicídio é um problema de todos — A consciência, a competência e o diálogo na prevenção e posvenção do suicídio*. 742f. Tese (doutorado) — Instituto de Psicologia, Universidade de São Paulo (USP), São Paulo, 2018b.

Silveira, T. M.; Peixoto, P. T. C. *A estética do contato*. Rio de Janeiro: Arquimedes, 2012.

Tomanari, S. A. A. *AS MAES (Amorosidade e Sabedoria no Manejo de Atendimentos Emergenciais envolvendo Suicídio). Técnicas e reflexões para auxiliar psicólogas(os)*

Diversidade, violência, sofrimento e inclusão em Gestalt-terapia

nas situações de tentativa de suicídio. Proposta inspirada na versão da Abordagem Técnica a Tentativas de Suicídio (ATTS) do Corpo de Bombeiros, com reflexões da Psicologia e, principalmente, da Gestalt-terapia. 85f. Monografia (formação em Gestalt-terapia) — Instituto Sedes Sapientiae, São Paulo, 2022.

WINNICOTT, D. W. O brincar e a realidade. Rio de Janeiro: Imago, 1975.

_____. *Textos selecionados — Da pediatria à psicanálise*. Rio de Janeiro: Francisco Alves, 1993.

ZINKER, J. *Processo criativo em Gestalt-terapia*. São Paulo: Summus, 2007.

Sobre os autores

Gizele da Costa Cerqueira

Psicóloga clínica formada pela Universidade Federal do Rio de Janeiro (UFRJ), há 27 anos em consultório. Psicoterapeuta e supervisora clínica e institucional. Gestalt-terapeuta com formação pelo psicólogo Flávio de Abreu Faria (RJ); mestre em Saúde Coletiva pela Universidade Federal Fluminense (UFF); especialista em Saúde Mental pelo Instituto de Psiquiatria da UFRJ, em Dependência Química pela Universidade Federal de São Paulo (UNIFESP) e em Metodologia do Ensino Superior pela Universidade Estadual do Maranhão (UEMA). Atua no SUS há 21 anos, sendo uma das profissionais que implantaram e implementaram a reforma psiquiátrica em Imperatriz (MA). Fundou e coordenou o Centro de Atenção Psicossocial Álcool e Drogas na mesma cidade. É autora de artigos de livros. Foi professora de psicologia no ensino superior. Cofundadora do grupo de estudos Gestalt-terapia e traumas realizado hibridamente.

Kahuana Leite

Paranaense vinculada afetivamente ao Acre e atualmente vivendo no Rio de Janeiro. Psicóloga pela Universidade Federal do Acre (UFAC). Gestalt-terapeuta pelo Centro de Capacitação em Gestalt-terapia (CCGT) de Belém (PA). Mestranda em Psicologia pela Universidade Federal do Rio de Janeiro (UFRJ). Bolsista CAPES. Membro do "Acolher", Grupo de Estudos em Gestalt-terapia do Acre (GEGT/AC), e do grupo de pesquisa "Situação contemporânea e dimensões estruturais: perspectivas em fenomenologia crítica e abordagem gestáltica", da UFRJ. Desenvolve pesquisa com os seguintes temas: clínica gestáltica, cisheteronormatividade, gênero e sexualidades.

Karina Okajima Fukumitsu

Psicóloga, psicopedagoga e Gestalt-terapeuta, com doutorado e pós-doutorado em Psicologia pelo Instituto de Psicologia da Universidade de São Paulo (IPUSP). Mestre em Psicologia Clínica pela Michigan School of Professional Psychology (MIsPP). Coordenadora da Pós-Graduação em Suicidologia: Prevenção e Posvenção, Processos Autodestrutivos e Luto da Faculdade Phorte. Cocordenadora da Pós-Graduação em Abordagem Clínica e Institucional em Gestalt-terapia e da Pós-Graduação Morte e Psicologia — Promoção da Saúde e Clínica Ampliada da Universidade Cruzeiro do Sul (Unicsul).

Consultora em Saúde Existencial. Produtora e apresentadora do *podcast Se tem vida, tem jeito*. Palestrante e autora de diversos livros e artigos sobre prevenção dos processos autodestrutivos, posvenção, luto por suicídio, saúde existencial, acolhimento da vida e Gestalt-terapia. Presidente da

Associação Se Tem Vida, Tem Jeito <www.astvtj.com>. Uma das organizadoras desta obra.

Laura Cristina de Toledo Quadros

Gestalt-terapeuta, doutora em Psicologia Social pelo Programa de Pós Graduação em Psicologia Social da Universidade Estadual do Rio de Janeiro (PPGPS-UERJ). Professora adjunta da UERJ contemplada pelo Prodocência; professora e coordenadora do PPGPS-UERJ. Coordenadora do projeto de extensão "COMtextos: arte e livre expressão na abordagem gestáltica" e dos projetos de pesquisa "Versões do sofrimento psíquico construídas por jovens na contemporaneidade: articulações entre a Teoria Ator-Rede e a clínica gestáltica" e "Vidas em movimento: refugiados, sofrimento psíquico e reinvenções do cotidiano — Um estudo na abordagem gestáltica em articulação com a teoria ator-rede". Coordenadora adjunta do "Laboratório Gestáltico: configurações e práticas contemporâneas". Pesquisadora e autora de artigos e livros. Curiosa pelas artesanias, reconhecendo-se como artesã de vida.

Leda Mendes Pinheiro Gimbo

Mãe, feminista, Gestalt-terapeuta, doutora em Psicologia e professora adjunta no curso de psicologia da Universidade Federal de Goiás (UFG). Pesquisadora em relações de campo e comportamento humano, com ênfase nas relações de gênero e diversidade sexual, violências e relações de poder.

Lilian Meyer Frazão

Mestre em Psicologia Clínica pelo Instituto de Psicologia da Universidade de São Paulo (IPUSP), onde foi professora por

42 anos. É uma das pioneiras da Gestalt-terapia no Brasil. Criadora, há 42 anos, e atual colaboradora do primeiro curso de formação em Gestalt-terapia no Brasil no Instituto Sedes Sapientiae; atual coordenadora do Setor de Projetos e do projeto Expandindo Fronteiras. Colaboradora em treinamentos de Gestalt-terapeutas no Brasil e no exterior. Sócia fundadora e ex-membro da diretoria da International Gestalt Therapy Association (IGTA), fundadora da Associação Brasileira de Psicoterapia (ABRAP), do Espaço Therese Tellegen, do Centro de Estudos de Gestalt de São Paulo e da Associação Brasileira de Gestalt-terapia e abordagem gestáltica (ABG), da qual é presidente atualmente. Autora e organizadora dos livros *Questões do humano na contemporaneidade* (Summus) e *Gestalt e gênero* (Livro Pleno).

Autora de artigos em revistas brasileiras e consultora editorial para a tradução e publicação de livros em Gestalt--terapia. Membro da comissão editorial de diversas revistas brasileiras. Uma das organizadoras desta obra.

Livia Arrelias

Psicóloga oriunda da Amazônia, formada pela Universidade Federal do Pará (UFPA), especialista em Gestalt-terapia pelo Centro de Capacitação em Gestalt-Terapia do Conselho Federal de Psicologia (CFP/CCGT). Trabalha com clínica crítico-política e ético-afetiva, implicada a partir de experiências territorializadas. Tem experiência com atendimentos em consultório presencial e on-line, além de docência e supervisão clínica na graduação e pós-graduação em Psicologia e Gestalt-terapia.

Renata Escarlate

Psicóloga, sexóloga e psicoterapeuta de casais e adultos há mais de 20 anos. É professora de Gestalt-terapia e Sexualidade Humana em diversas instituições, inclusive na Pós-Graduação com ênfase em Gestalt-terapia do Centro Universitário Celso Lisboa, sendo também criadora e professora do curso Abordagem Gestáltica da Sexualidade Humana. Atua na divulgação científica de informação e educação inclusiva e na proteção dos direitos das pessoas LGBTQIA+ e na equidade de gêneros.

Silvia Assumpção do Amaral Tomanari

Psicóloga formada pelo Instituto de Psicologia da Universidade de São Paulo (IPUSP), com formação em Gestalt-terapia pelo Instituto Sedes Sapientiae e aperfeiçoamento em Gestalt-terapia com Casais e Famílias pelo Instituto de Gestalt de São Paulo. Também é graduada em Comunicação Social e mestre pela Escola de Comunicações e Artes (ECA-USP). Trabalha a comunicação não violenta (CNV) em seus atendimentos tanto com casais e famílias quanto com idosos, adultos, adolescentes e crianças. Tem experiência em atendimento a pessoas transgênero e LGBTQIA+, principalmente no Projeto Apoiar Online USP, da qual é psicóloga e supervisora voluntária desde sua criação em 2020. Implantou e coordenou o projeto pioneiro de grupo de idosos on-line nesse mesmo projeto. Tem se aprofundado nos estudos sobre suicídio e finitude, incluindo cuidados paliativos. É uma eterna aprendiz curiosa.

Welison de Lima Sousa

Psicólogo, Gestalt-terapeuta, redutor de danos. Doutor em Psicologia pela Universidade Federal do Rio Grande do Norte (UFRN). Psicólogo e supervisor clínico na Ethos — Estudos e Psicologia Clínica. Docente do curso de Medicina da Estácio/IDOMED em Iguatu (CE). Professor convidado em institutos de formação em Gestalt-terapia em âmbito nacional, com discussões sobre: Gestalt-terapia e o uso de drogas; a redução de danos; as políticas públicas; a população de rua, a reforma psiquiátrica; o suicídio.

leia também

RECURSOS CRIATIVOS EM GESTALT-TERAPIA
Karina Okajima Fukumitsu e Lilian Meyer Frazão (orgs.)
Desde o surgimento da Gestalt-terapia, a arte sempre foi um elemento fundamental da abordagem. Afinal, é por meio da exploração dos próprios recursos criativos que o ser humano se realiza em todo o seu potencial. Partindo dessa premissa, os autores desta obra apresentam temas fundamentais para estudantes e profissionais que desejam ampliar sua atuação terapêutica. Entre os temas abordados aqui, estão: as origens e os instrumentos da arteterapia; o uso de experimentos com grupos; a Gestalt-terapia praticada com inspiração nos *clowns*; contos e histórias como instrumento para ressignificar percursos de vida; oficinas criativas na formação de Gestalt-terapeutas; a aquarela como recurso terapêutico; a Gestalt-musicoterapia como caminho para a *awareness*; e o profundo trabalho com máscaras.

ISBN 978-65-5549-046-6

ENFRENTANDO CRISES E FECHANDO GESTALTEN
Karina Okajima Fukumitsu e Lilian Meyer Frazão (orgs.)
Crises, todos vivemos. Forças para enfrentá-las, nem todos temos. Se um dos objetivos principais da Gestalt-terapia é a ampliação da *awareness*, sobretudo daquilo que impede o fluxo contínuo e dificulta a fluidez do viver, é fundamental refletir sobre as situações inacabadas que nos impedem de avançar. Neste volume, diversos autores mostram que, por meio da espontaneidade, da criatividade e da espiritualidade, é possível abordar sofrimentos diversos, como os políticos, os oriundos de acidentes e de questões de gênero. Calcados na ética e no acolhimento terapêutico, os capítulos aqui presentes dão uma importante contribuição à abordagem.

ISBN 978-85-3231-152-8

SITUAÇÕES CLÍNICAS EM GESTALT-TERAPIA
Karina Okajima Fukumitsu e Lilian Meyer Frazão (orgs.)
Nesta obra, terapeutas com vasta experiência apresentam ensaios profundos e sensíveis sobre como se trabalha e se pensa clinicamente em Gestalt-terapia. Articulando teoria e prática, examinam diferentes temáticas: o fechamento de Gestalten; o trabalho com sonhos; o apoio a jovens prestes a entrar na vida adulta; a escuta de pacientes transexuais; a clínica com crianças e adolescentes; o trabalho com pacientes que apresentam ansiedade e depressão etc. Trata-se de narrativas sensíveis e delicadas, relatadas por profissionais que diariamente dedicam seu tempo e esforço a ser testemunhas dos sofrimentos, histórias, alegrias e dificuldades de seus pacientes.

ISBN 978-85-3231-121-4

www.gruposummus.com.br